Vive la

la

DE8M2931216

iberté!

Données de catalogage avant publication
(Canada)

Vedette principale au titre:
Vive la liberté!
Comprend un index
ISBN 2-7604-0404-8
1. Citations françaises. I. Stanké,
Alain, 1934-
B105.L45S72 1992   123'.5   C92-096234-3

**Toutes les photos de ce livre sont
d'Alain Stanké, sauf:**

Air Canada: p.172 (en haut)
Jean Choudasse: p. 62, p.116 (frites),
p. 149 (chaise), p. 156 (canards), p. 157
(cimetière), p. 158 (champ de bataille),
p. 159 (salle d'attente), p. 163 (maternité),
p. 166 (curés), p. 177
Michel Ferron: p.87 (cour)

Conception graphique: Olivier Lasser

© Les éditions internationales
Alain Stanké, 1992

ISBN 2-7604-0404-8

Dépôt légal: premier trimestre 1992

IMPRIMÉ AU QUÉBEC (CANADA)

alain stanké

V*ive*
la

*i*berté!

AMNISTIE
INTERNATIONALE

Stanké

Du même auteur

Vive la liberté!

La première
INTERDICTION remonte à
Adam et Ève. Elle avait pour
objet une pomme, «le fruit
défendu». Je n'y étais pas.
On me l'a raconté.

Je ne me souviens que des
interdictions imposées par
mes parents:
Ne mets pas tes doigts
dans ton nez!
Ne mets pas tes doigts
dans ta bouche!
Ne mets pas tes coudes
sur la table!
Tiens-toi droit! Ne t'appuie pas
au dossier de ta chaise!
Ne coupe pas la conversation!
Ne parle pas à table!
Ne parle pas la bouche pleine!
N'avale pas sans avoir
bien mastiqué!
Ne traverse pas la rue!
Ne t'éloigne pas!
Ne mets pas tes mains sous les couvertures!
Ah bon. Il y a quelque chose là?

À l'école, j'ai été confronté à de nouvelles interdictions.

Avec le temps, le nombre d'interdictions, de défenses, de
contraintes et d'obligations n'a pas diminué. Bien au contraire.

J'en rencontrais partout. À la maison, à l'école, dans la rue, jusque dans l'église où, sous peine de péché mortel, il était *interdit de manger de la viande le vendredi* et de *manquer la messe le dimanche.*

D'autres interdictions - même si elles ne me touchaient pas directement - m'incitaient inconsciemment à suivre la voie de l'irrespect railleur à l'égard des autorités de l'Église:

interdiction aux banquiers de faire fructifier l'argent; interdiction aux veufs et aux veuves de se remarier (au moment de la résurrection cela aurait pu présenter, croyait-on, certains problèmes de retrouvailles de couples); *interdiction de porter des gaines, soutiens-gorge, bustiers,* etc.

En fouillant un manuel de confession de1898, j'ai même appris qu'il était *interdit de danser en couple...*

Lorsque je me suis marié, l'Église m'interdisait *d'avoir des relations sexuelles avec ma femme légale* (ne parlons pas des autres) *dans un autre but que celui de la procréation.* Seule porte de sortie, à date fixe qui ne tient pas compte de la libido, la méthode Ogino-Knauss. On s'y est mis. Résultat: aujourd'hui, je suis l'heureux père de quatre enfants... qui, à leur tour, m'ont donné cinq petits-enfants sans l'assistance de l'indicible méthode

«À genoux-Knauss». Les chanceux!

Dieu(!) merci, grâce à l'évolution de l'Église, ces interdictions sont maintenant choses du passé. Depuis le concile Vatican II, on a aussi supprimé l'ineffable *index librorum prohibitrum* (le recueil consacré aux livres interdits par Rome, mieux connu sous le nom de *l'index*). Vingt-cinq ans plus tard, j'ai peine à imaginer que quelqu'un ait pu avoir l'idée de publier un livre pour interdire la lecture d'autres livres. Quels noms d'auteurs trouvait-on cités dans ce livre? Voltaire, Jean-Paul Sartre, Simone de Beauvoir, Anatole France, George Sand, Alexandre Dumas, Victor Hugo (pour *Les misérables*!) et beaucoup d'autres.

Il n'y a pas très longtemps, quelque 35 ans, en Espagne, sous le règne de Franco, la police a saisi des milliers de Bibles et de Nouveaux Testaments protestants - donc contraires à la foi catholique - donc interdits. D'ailleurs, dans le même pays, sous l'Inquisition, on ne s'est pas contenté de brûler des livres, on a aussi brûlé des gens...

Plus près de nous, on a incendié une salle de cinéma où était projeté le film *La dernière tentation du Christ*.

On a aussi interdit la lecture des *Versets sataniques*, qui furent brûlés sur la place publique pendant qu'on ordonnait l'assassinat de Salman Rushdie.

Les musulmans n'ont d'ailleurs pas été les seuls à condamner ce livre, ils ont eu le support du grand rabbin de Jérusalem, non pas parce que ce dernier trouvait le contenu de l'ouvrage offensant pour la religion juive mais parce que, trouvait-il: *si on permet d'attaquer une religion, ensuite on les attaquera toutes!* Logique. Vive les dictateurs de conscience! Adieu le communisme!

Il n'y a pas trop longtemps encore, un dénommé Joseph Staline avait lui aussi invité ses adeptes à saccager les librairies, à brûler les livres et à assassiner un écrivain. Le livre avait pour titre: *J'ai choisi la liberté*. L'écrivain s'appelait Kravchenko. Pour échapper à la mort, il s'était réfugié au Canada. Beaucoup de ses livres furent brûlés mais on n'avait brûlé que le papier. La pensée, elle, n'étant pas combustible, a réussi à faire son chemin et à clamer la valeur de la liberté. Adieu le communisme!

Vous souvenez-vous qu'à une certaine époque on avait interdit de dire que la Terre était ronde et qu'elle tournait autour du Soleil?

En tous les cas, devant tous les ordres libertricides auxquels j'ai eu à faire face personnellement, je n'ai pas tardé à comprendre qu'ici-bas on n'avait pas d'autre choix que de se barder d'audace et devenir rebelle ou de céder et devenir mouton.

Remarquez qu'à force de voir les mots INTERDIT et DÉFENSE écrits partout on finit par s'habituer et par ne plus les respecter, sans pour autant que personne ne s'en étonne ou ne s'en émeuve. C'est juste un peu irritant mais finalement, en temps de paix, ça ne se passe pas trop mal. Par contre, en temps de guerre, vous pouvez être assuré de rencontrer quelqu'un - généralement en uniforme et armé - pour vous faire obéir.

J'ai malheureusement vécu cette expérience durant la dernière guerre mondiale. Elle m'a fait comprendre qu'au fond personne n'était réellement né libre. Personne n'était maître de son lieu de naissance, de sa date de naissance, ni de sa naissance elle-même d'ailleurs... Et dire qu'il y a encore des personnes qui se disent fières d'être françaises, anglaises ou brésiliennes comme si elles avaient eu le choix de leur lieu de naissance...

Mais revenons dans notre royaume des do et des don't. Ainsi, d'expérience, j'ai appris que le mot uzdrausta («interdit» en lituanien) était plus féroce et ne permettait aucun détour lorsqu'il était écrit ou plutôt hurlé en allemand: *Verbotten!*

Un jour ou l'autre, dans la vie, chacun prend conscience de la vraie valeur de la liberté. Pour moi, cette prise de conscience est arrivée à l'âge de 10 ans, alors que je croupissais dans un camp de concentration, où TOUT m'était interdit. J'ai recherché la liberté. J'ai prié pour ma liberté. Je me suis battu pour ma liberté. C'est dans cet endroit sordide que j'ai appris à respecter la liberté des autres. Aujourd'hui, je sais que les seules limites à la liberté sont les atteintes à la liberté des autres. Je sais aussi que la défense de la liberté doit être universelle. Refuser la liberté à un groupe d'hommes parce qu'ils ne pensent pas comme vous ou ne prient pas le même Dieu que vous, c'est la refuser à soi-même.

Je suis pour les élections libres, pour la libre circulation des individus dans le monde, pour la liberté de choisir le métier qui convient à chacun, pour la liberté de fonder une famille selon la voix de son coeur et le jugement de sa conscience, pour la liberté de s'exprimer, de contester, de rire et de pleurer.

J'ai commencé à
photographier les divers
interdits que l'on trouvera
dans cet ouvrage il y a
20 ans, au moment où j'ai
réalisé que je n'étais pas
qu'un être biologique mais
une personne adulte qui se
maîtrise elle-même dans la
responsabilité et la dignité.
Chaque fois que je vois un
panneau m'intimant un
ordre quelconque, je ne peux
pas m'empêcher de penser à
la liberté, à la tolérance et à
l'amour. Et chaque fois je
souris en pensant que c'est
bien peu et souvent bien
risible en comparaison avec
tous ces hommes, ces femmes
et ces enfants frappés de
cruels interdits, enchaînés,
torturés et privés du bien le
plus précieux que nous
ayons: LA LIBERTÉ.

Vous pensez qu'il n'y en a
plus beaucoup? Détrompez-
vous. L'an dernier, Amnistie Internationale a eu à s'occuper de
plus de 4 500 prisonniers d'opinion!

Voilà pourquoi, chaque fois que l'occasion m'en sera donnée, je
répéterai ces mots de Jaime Torrès-Bodet, ancien directeur
général de l'Unesco:

*Aussi longtemps qu'on pourra violer un seul des droits d'un seul des
hommes, la Déclaration des Nations Unies nous accusera tous de*

lâcheté, de lenteur, de paresse,
et elle nous rappellera que nous
manquons d'humanité. Aussi
longtemps que la plus grande
partie du genre humain vivra
dans la faim et l'injustice, pour
mourir dans la misère et dans
l'ignorance, le document qui a
été adopté à Paris continuera à
nous apparaître comme un but
encore lointain!

VIVE LA LIBERTÉ!

Alain Stanké, *libre.*

Je suis souvent resté interdit...

Cette manie de photographier les interdits a fini par faire de moi une sorte de robot - un robot désobéissant - qui ne fonctionne bien dans ses déplacements que lorsqu'il est muni de son appareil de photos.

Règle générale, je m'interdis de voyager sans lui.

Mais comme personne n'est parfait il m'arrive parfois de l'oublier.

Hélas, on s'en doute bien, c'est dans ces moments-là que je tombe sur les panneaux les plus inusités qui me laissent... interdit. Comme, par exemple, cette longue série d'interdits affichés dans le même taxi new-yorkais:

Défense de manger et de boire dans ce taxi;
Défense de claquer la portière;
Défense de parler au chauffeur;
Défense de fumer;
Il est interdit de sortir du véhicule pour payer sa course;

**Défense de sortir du côté
opposé au trottoir.**

Et pour couronner le tout:

**Si ces interdits vous
déplaisent, vous êtes libres
de prendre un autre taxi!**

Certaines interdictions, dont
j'ai eu connaissance,
n'étaient pas inscrites sur des
panneaux. Elles ne méritent
pas pour autant d'être passées
sous silence:

À Holyoke, au
Massachusetts, il est interdit
d'arroser son gazon pendant
qu'il pleut.

À San Francisco, un
règlement municipal interdit
le ramassage des vieux
confettis dans le but de les
réutiliser.

Dans le village de Lakefield,
en Ontario, le greffier local
Earl Cuddie a promulgué un règlement municipal interdisant
aux oiseaux de chanter plus de trente minutes le jour et quinze
minutes le soir.

À Quitman, en Géorgie, il est interdit aux poulets ou à tout
autre gallinacé de traverser quelque voie publique que ce soit.

Il est interdit de vivre à Kennesaw, en Géorgie, si on n'a pas
d'armes à feu à la maison. Les contrevenants sont passibles de

200 $ d'amende ou d'emprisonnement.

Le juge municipal Donald Umhofer, de Los Osos, en Californie, a interdit aux trois chiens de M. Bruce Howey d'aboyer plus de deux minutes par heure et jamais entre vingt heures et huit heures du matin.

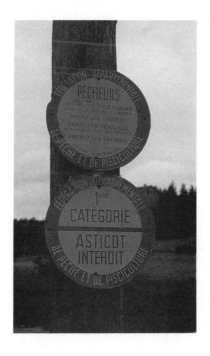

NE PAS
NOURRIR
LES MOUETTES

INTERDIT
AUX TAXIS
LIBRES

SOUS PEINE DE FORTE
AMENDE
INTERDIT. AUX
CHEVAUX

LIBERTÉ

Sur mes cahiers d'écolier
Sur mon pupitre et les
   arbres
Sur le sable sur la neige
J'écris ton nom

Sur toutes les pages lues
Sur toutes les pages
   blanches
Pierre sang papier ou
   cendre
J'écris ton nom

Sur les images dorées
Sur les armes des guerriers
Sur la couronne des rois
J'écris ton nom

Sur la jungle et le désert
Sur les nids sur les genêts
Sur l'écho de mon enfance
J'écris ton nom

Sur les merveilles des nuits
Sur le pain blanc des
   journées

Sur les saisons fiancées
J'écris ton nom

Sur tous mes chiffons d'azur
Sur l'étang soleil moisi
Sur le lac lune vivante
J'écris ton nom

Sur la montagne démente
J'écris ton nom

Sur la mousse des nuages
Sur les sueurs de l'orage
Sur la pluie épaisse et fade
J'écris ton nom

Sur les formes scintillantes
Sur les cloches des
couleurs
Sur la vérité physique
J'écris ton nom

Sur les sentiers éveillés
Sur les routes déployées
Sur les places qui
débordent
J'écris ton nom

Sur la lampe qui s'allume
Sur la lampe qui s'éteint
Sur mes maisons réunies
J'écris ton nom

Sur le fruit coupé en deux
Du miroir et de ma
chambre
Sur mon lit coquille vide
J'écris ton nom

Sur mon chien gourmand
et tendre
Sur ses oreilles dressées
Sur sa patte maladroite
J'écris ton nom

Sur les champs sur
l'horizon
Sur les ailes des oiseaux
Et sur le moulin des ombres
J'écris ton nom

Sur chaque bouffée
d'aurore
Sur la mer sur les bateaux

Sur le tremplin de ma
   porte
Sur les objets familiers
Sur le flot du feu béni
J'écris ton nom

Sur toute chair accordée
Sur le front de mes amis
Sur chaque main qui se
   tend
J'écris ton nom

Sur la vitre des surprises
Sur les lèvres attentives
Bien au-dessus du silence
J'écris ton nom

Sur mes refuges détruits
Sur mes phares écroulés
Sur les murs de mon ennui
J'écris ton nom

Sur l'absence sans désir
Sur la solitude nue
Sur les marches de la mort
J'écris ton nom

Sur la santé revenue
Sur le risque disparu
Sur l'espoir sans souvenir
   J'écris ton nom

Et par le pouvoir d'un mot
Je recommence ma vie
Je suis né pour te connaître

Pour te nommer
Liberté.
PAUL ÉLUARD

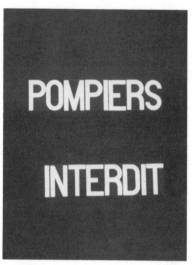

POMPIERS

INTERDIT

IL EST FORMELLEMENT
INTERDIT DE ROULER
SUR
LES JEUX DE BOULES

Ce que nous nommons liberté, c'est l'irréductibilité de l'ordre culturel à l'ordre naturel.
JEAN-PAUL SARTRE

La liberté s'allume dans les ténèbres.
NICOLAS BERDIAEV

Si tu t'attaches à un rocher, j'ai bien peur que tu doives voler avec le rocher
et la chaîne.
CARLOS CASTANEDA

La liberté coûte très cher et il faut, ou se résigner à vivre sans elle,
ou se décider à la payer son prix.
JOSÉ MARTI

Si nous sommes libres toutes les fois que nous voulons rentrer en nous-mêmes, il nous arrive rarement de le vouloir.
BERGSON

La liberté consiste à ne dépendre que des lois.
VOLTAIRE

Qui cherche dans la liberté autre chose qu'elle-même est fait pour servir.
ALEXIS DE TOCQUEVILLE

Là encore, tu te faisais une
trop haute idée des hommes,
car ce sont des esclaves, bien
qu'ils aient été créés rebelles.
DOSTOÏEVSKI

En fait, nous sommes une
liberté qui choisit mais nous
ne choisissons pas d'être
libres: nous sommes
condamnés à la liberté.
JEAN-PAUL SARTRE

LIBRE-ÉCHANGE — Cause des
souffrances du commerce.
FLAUBERT

La liberté, c'est lorsque les
autres ne peuvent
plus rien pour vous.
MARCEL JULLIAN

La liberté, c'est la liberté de
dire que deux et deux font
quatre. Lorsque cela est
accordé, le reste suit.
GEORGE ORWELL

Ça ne s'apprend jamais trop
tôt, la liberté.
HERVÉ BAZIN

C'est l'Occident, et lui tout seul,
qui a inventé l'idée de liberté.
PASCAL JARDIN

Je ne suis pas d'accord avec ce que vous dites, mais je me battrai
jusqu'au bout pour que vous puissiez le dire.
VOLTAIRE

Ils ne sont pas tous libres,
ceux qui se moquent de leurs
chaînes.
GOTTHOLD EPHRAÏM LESSING

Le discours de la servitude
volontaire est le lot
commun: les esclaves le sont
sui generis, à cause d'eux-
mêmes.
JEAN-EDERN HALLIER

On appelle liberté le rapport
du moi concret à l'acte qu'il
accomplit. Ce rapport est
indéfinissable, précisément
parce que nous sommes
libres.
BERGSON

La liberté ne fait pas le
bonheur...
Je n'ai jamais été si heureux
que sous la contrainte.
ANDRÉ GIDE

La nécessité de rechercher le
véritable bonheur est le
fondement de notre liberté.
JOHN LOCKE

L'USAGE DES PLANCHES A ROULETTES
EST INTERDIT DANS L'ENCEINTE
DU MÉTRO ET DU R E R

Pour les femmes et les enfants, la liberté c'est de contredire.
PAUL-JEAN TOULET

Nous sommes libres quand nos actes émanent de notre personnalité entière, quand ils l'expriment, quand ils ont avec elle cette indéfinissable ressemblance qu'on trouve parfois entre l'œuvre et l'artiste.
BERGSON

L'exigence de liberté est une exigence de pouvoir.
JOHN DEWEY

La liberté consiste à comprendre la nécessité. La nécessité n'est aveugle qu'en autant qu'elle n'est pas comprise.
ARNOLD TOYNBEE

La liberté a parfois les mains rouges de sang.
MICHEL CAZENAVE

On peut appeler aussi destinée cette puissance intérieure qui finit par trouver passage; mais il n'y a de commun que le nom entre cette vie si bien armée et composée, et cette tuile de hasard qui tua Pyrrhus. Ce que m'exprimait un sage, disant que la prédestination de Calvin ressemblait pas mal à la liberté elle-même.
ALAIN

L'homme né pour la liberté,
sentant qu'on cherche à
l'asservir, aime souvent
mieux se faire corsaire que de
devenir esclave.
BEAUMARCHAIS

L'excès de liberté apporte aux
hommes des Césars… Et aux
femmes des Jules…
ROBERT HOLLIER

À l'instant où l'esclave
décide qu'il ne sera plus
esclave, ses chaînes tombent.
GÂNDHI

La liberté n'est que la femelle
de l'honneur.
PAUL RAYNAL

Celui qui a lancé une pierre
ne peut plus la reprendre; et
cependant, il dépendait de
lui de la lancer ou de la
laisser tomber, car le
mouvement initial était en
lui. Il en est de même pour
l'homme injuste et le débauché qui pouvaient, au début, éviter
de devenir tels: aussi le sont-ils volontairement; mais une fois
qu'ils le sont devenus, ils ne peuvent plus ne pas l'être.
ARISTOTE

Car le sang des hommes libres est la semence des libertés, et,
j'en ai peur, la seule féconde.
ETIEMBLE

Il suffit à un homme
enchaîné de fermer les yeux
pour qu'il ait le pouvoir de
faire éclater le monde.
OCTAVIO PAZ

Quand une société abolit
l'aventure,
sa destruction est la seule
aventure possible.
ANONYME

Ce que les Allemands
considèrent aujourd'hui
comme la liberté de la
pensée et de la presse se
réduit au droit de se mépriser
réciproquement et en public.
GŒTHE

Tu voudras être libre. Il n'y a
pour cette liberté qu'un
chemin: le mépris des choses
qui ne dépendent point de
nous.
ÉPICTÈTE

La liberté est un tyran qui est
gouverné par ses caprices.
JOSEPH JOUBERT

La liberté consiste à choisir entre deux esclavages: l'égoïsme et
la conscience, qui est l'esclavage de Dieu. Celui qui choisit cet
esclavage-là, c'est l'homme libre.
VICTOR HUGO

Bien analysée, la liberté politique est une fable convenue,
imaginée par les gouvernants pour endormir les gouvernés.
NAPOLÉON BONAPARTE

L'homme est né libre et
partout il est dans les fers.
JEAN-JACQUES ROUSSEAU

Quand le despotisme est dans les lois, la liberté se trouve dans
les mœurs, et vice versa.
BALZAC

La liberté, pour l'homme, consiste à faire ce qu'il veut dans ce
qu'il peut, comme sa raison consiste à ne pas vouloir tout ce
qu'il peut.
ANTOINE RIVAROL

Sais-tu qu'elle ressemble beaucoup à une excuse, cette liberté dont tu te dis esclave.
JEAN-PAUL SARTRE

Quand une femme réclame sa liberté à un homme, c'est qu'elle est prête à devenir l'esclave d'un autre. Être libre, pour elle, c'est seulement changer de maître.
ÉTIENNE REY

La liberté signifie la responsabilité. C'est pourquoi la plupart des hommes la craignent.
GEORGE BERNARD SHAW

Il est bon d'être averti que la liberté est un mot au moyen duquel les amis du peuple (autre mot à traduire) font faire au peuple des choses qui n'ont pour résultat possible que de le conduire en prison.
ALPHONSE KARR

À mesure que diminue la liberté économique et politique, la liberté sexuelle a tendance à s'accroître en compensation.
ALDOUS HUXLEY

J'ai trop le désir qu'on respecte la mienne pour ne pas respecter celles des autres.
FRANÇOISE SAGAN

On commence à voir en Europe que les peuples n'ont jamais que le degré de liberté que leur audace conquiert sur la peur.

STENDHAL

En donnant la liberté aux esclaves, nous assurons celle des hommes libres. Ce que nous offrons est aussi honorable pour nous que ce que nous préservons.

LINCOLN

Si vous ressentez vos chaînes, vous êtes déjà à moitié libre. Vous n'êtes pas libre tant que vous traînez vos chaînes après vous.

PROVERBE AMÉRICAIN

La liberté ne se conquiert jamais qu'au détriment de celle des autres. Être libre, c'est dominer. Dans le dernier cas, la liberté n'est acquise qu'au détriment de soi.

PIERRE REVERDY

Le despotisme fait illégalement de grandes choses, la liberté ne se donne même pas la peine d'en faire légalement de très petites.

BALZAC

Qui accepte un présent vend cher sa liberté.

PROVERBE HONGROIS

Tant il est aisé d'écraser, au nom de la liberté extérieure, la liberté intérieure de l'homme.

RABINDRANATH TAGORE

La liberté est l'expression française de l'unité de l'être humain, de la conscience générique et du rapport social et humain de l'homme avec l'homme.

MARX

Il ne peut y avoir de liberté contre la vérité; il ne peut y avoir de liberté contre l'intérêt commun.

O. SALAZAR

La liberté est comme la peste. Tant qu'on n'a pas jeté à la mer le dernier pestiféré, on n'a rien fait.

STENDHAL

Un jour, une heure de
  vertueuse liberté
Vaut une éternité entière
  d'esclavage

JOSEPH ADDISON

Dans une société fondée sur le pouvoir de l'argent, dans une société où les masses laborieuses végètent dans la misère, tandis que quelques poignées de riches ne savent être que des parasites, il ne peut y avoir de liberté réelle et véritable.

LÉNINE

Quand je suis le plus faible,
je vous demande la liberté
parce que tel est votre
principe; mais quand je suis
le plus fort, je vous l'ôte,
parce que tel est le mien.

LOUIS VEUILLOT

À peine un mot, et nous
voilà en flammes,
Les joues en feu, et le cœur
bat et crie.
Pourquoi ton seul nom nous
émeut jusqu'à l'âme
Liberté! Liberté chérie!

ANTONI SLONIMSKI

La liberté de la presse a cet
effet que les peuples croient
avoir pensé eux-mêmes ce
que l'État veut qu'ils
pensent.

JACQUES BAINVILLE

Ce que la lumière est aux
yeux, ce que l'air est aux
poumons, ce que l'amour est
au cœur, la liberté est à l'âme
humaine.

R. G. INGERSOLL

Le monde tout entier aspire à la liberté, et pourtant chaque
créature est amoureuse de ses chaînes. Tel est le premier
paradoxe et le nœud inextricable de notre nature.

SHRÎ AUROBINDO

Dieu fit la liberté, l'homme a fait l'esclavage.

MARIE-JOSEPH CHÉNIER

La liberté est le droit de faire
tout ce que les lois
permettent.
MONTESQUIEU

On rencontre beaucoup
d'hommes parlant de liberté,
mais on en voit très peu dont
la vie n'ait pas été
principalement consacrée à
se forger des chaînes.
GUSTAVE LE BON

Ce que l'on appelle liberté
chez les uns s'appelle licence
chez d'autres.
QUINTILIEN

Je dis que je suis né libre et
que j'entends vivre
librement. Ouvrier libre, je
veux aller où il me plaît, et
qui me veut me sollicite.
BENVENUTO CELLINI

J'ai toujours été la même,
vive et triste; j'ai aimé Dieu,
mon père, et la liberté.
MME DE STAËL

Je ne crois point, au sens philosophique du terme, à la liberté de
l'homme. Chacun agit non seulement sous une contrainte
extérieure, mais aussi d'après une nécessité intérieure.
E. EINSTEIN

Tandis que l'État existe, pas de liberté; quand régnera la liberté,
il n'y aura plus d'État.
LÉNINE

La liberté n'est pas une chose dont on vous fait cadeau, on peut vivre en pays de dictature et être libre: il suffit de lutter contre la dictature. L'homme qui pense avec sa tête à lui est un homme libre. L'homme qui lutte pour ce qu'il croit juste est un homme libre. On ne va pas mendier sa liberté aux autres. La liberté, il faut la prendre.

IGNAZIO SILONE

La liberté, ce bien qui fait jouir des autres biens.

MONTESQUIEU

La vraie liberté, c'est pouvoir toute chose sur soi.

MONTAIGNE

La nature humaine n'est pas une machine à construire d'après un modèle et montée pour accomplir exactement la tâche prescrite, mais un arbre, qui exige de croître et de se développer de tous côtés selon la tendance des forces internes qui font de lui un être vivant.

JOHN STUART MILL

Cette liberté humaine que tous se vantent de posséder consiste en cela seul que les hommes ont conscience de leurs appétits et ignorent les causes qui les déterminent.

SPINOZA

La liberté n'exclut pas la nécessité d'agir; bien au contraire, elle la pose.

SPINOZA

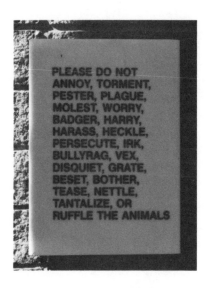

La liberté n'est pas oisiveté;
c'est un usage libre du temps,
c'est le choix du travail et de
l'exercice. Être libre en un
mot n'est pas ne rien faire,
c'est être seul arbitre de ce
qu'on fait ou de ce qu'on ne
fait point. Quel bien en ce
sens que la liberté!

LA BRUYÈRE

Dans un État, c'est-à-dire
dans une société où il y a des
lois, la liberté ne peut
consister qu'à pouvoir faire
ce que l'on doit vouloir, et à
n'être point contraint de
faire ce que l'on ne doit pas
vouloir.

MONTESQUIEU

En vain chargerez-vous ces
mêmes citoyens que vous
avez rendus si dépendants du
pouvoir central, de choisir de
temps à autre les
représentants de ce pouvoir;
cet usage si important, mais
si court et si rare, de leur
libre arbitre n'empêchera pas
qu'ils ne perdent peu à peu la faculté de penser, de sentir et
d'agir par eux-mêmes et qu'ils ne tombent ainsi graduellement
au-dessous du niveau de l'humanité.

ALEXIS DE TOCQUEVILLE

L'homme qui est conduit par la raison est plus libre dans la cité
où il vit selon la loi commune, que dans la solitude, où il n'obéit
qu'à lui-même.

SPINOZA

La liberté de parler, d'écrire,
de s'assembler, avec ou sans
drapeau — propriété légitime
de ceux qui ont pleuré et
saigné pour en faire cadeau à
la patrie et qui n'ont que
cette fortune, les pauvres —
est en même temps la
garantie de la paix commune
et de la sécurité publique.
Dans les pays où les
manifestations ont leurs
coudées franches, il n'y a que
par hasard des journées de
tumulte violent et jamais des
soirs de tuerie.
JULES VALLÈS

Les institutions libérales
cessent d'être libérales dès
qu'elles sont acquises:
ensuite, rien n'est plus
systématiquement néfaste à
la liberté que les institutions
libérales. On ne sait que trop
à quoi elles aboutissent: elles
minent la volonté de
puissance, elles érigent en
système moral le nivellement
des cimes et des bas-fonds, elles rendent mesquin, lâche et
jouisseur — en elles, c'est l'animal grégaire qui triomphe
toujours.
NIETZSCHE

Les hommes se trompent quand ils se croient libres; cette
opinion consiste en cela seul qu'ils sont conscients de leurs
actions et ignorants des causes par lesquelles ils sont déterminés.
SPINOZA

DEFENSE

de suivre les voies

pour se rendre à la gare

Un ancien a comparé les lois
à ces toiles d'araignée qui,
n'ayant que la force d'arrêter
les mouches, sont rompues
par les oiseaux. Pour moi, je
comparerais les bonnes lois à
ces grands filets dans lesquels
les poissons sont pris, mais se
croient libres, et mauvaises à
ces filets dans lesquels ils
sont si serrés que d'abord ils
se sentent pris.
MONTESQUIEU

La liberté ne s'emprisonne
pas, et les fers mêmes qu'on
lui forge servent quelquefois
à étendre son empire.
HENRI LACORDAIRE

J'appelle libre, quant à moi,
une chose qui est et agit par
la seule nécessité de sa
nature; contrainte, celle qui
est déterminée par une autre
à exister et à agir d'une
certaine façon déterminée.
SPINOZA

Il est bien injuste de dire par
exemple que le fascisme anéantit la pensée libre; en réalité c'est
l'absence de pensée libre qui rend possible d'imposer par la force
des doctrines officielles entièrement dépourvues de
signification.
SIMONE WEIL

Son esclave volait, il lui donna le fouet. L'autre lui dit: «C'est
mon destin qui m'a poussé à voler.» «Et à être battu aussi», dit
Zénon.
ZÉNON DE CITIUM

L'homme cherche la liberté là où elle le rendrait malheureux, c'est-à-dire dans la vie politique, et la rejette là où elle le rend heureux: il s'affuble aveuglément des opinions qu'il prend aux autres.

GEORG CHRISTOPH LICHTENBERG

La liberté consiste dans l'intelligence, qui enveloppe une connaissance distincte de l'objet de la délibération; dans la spontanéité, avec laquelle nous nous déterminons; et dans la contingence, c'est-à-dire dans l'exclusion de la nécessité logique ou métaphysique. L'intelligence est comme l'âme de la liberté, et le reste en est comme le corps et la base.

LEIBNIZ

L'excès de liberté ne peut tourner qu'en un excès de servitude, pour un particulier aussi bien que pour un État.

PLATON

L'homme est né libre, et partout il est dans les fers. Tel se croit le maître des autres, qui ne laisse pas d'être plus esclave qu'eux.

JEAN-JACQUES ROUSSEAU

La liberté, pour qui connaît les vices obligés de l'esclave, c'est la vertu possible.

MICHELET

Le concept de liberté dérive
de l'impératif catégorique du
devoir.
KANT

Qu'une hypothèse erronée
soit parfois préférable à une
hypothèse exacte, la doctrine
de la liberté humaine en
fournit la preuve.
**GEORG CHRISTOPH
LICHTENBERG**

Chaque homme est libre
d'embrasser et de professer la
religion qu'à la lumière de la
raison il aura jugée vraie.
PIE IX

Il n'y a de liberté qu'en
situation et il n'y a de
situation que par la liberté.
JEAN-PAUL SARTRE

Si je connaissais toujours
clairement ce qui est vrai et
ce qui est bon, je ne serais
jamais en peine de délibérer
quel jugement et quel choix je devrais faire; et ainsi je serais
entièrement libre, sans jamais être indifférent.
DESCARTES

Regardez-y de près et vous verrez que le mot *liberté* est un mot
vide de sens, qu'il n'y a point et qu'il ne peut y avoir d'êtres
libres, que nous ne sommes que ce qui convient à l'ordre
général, à l'organisation, à l'éducation et à la chaîne des
événements.
DIDEROT

Liberté et loi (par laquelle la liberté est limitée) sont les deux pivots autour desquels tourne la législation civile. Mais afin que la loi soit efficace, au lieu d'être une simple recommandation, un moyen terme doit s'ajouter, le pouvoir, qui, lié aux principes de la liberté, assure le succès à ceux de la loi. On ne peut concevoir que quatre formes de combinaison de ce dernier élément avec les deux premiers:

a) loi et liberté sans pouvoir (anarchie);

b) loi et pouvoir sans liberté (despotisme);

c) pouvoir sans liberté ni loi (barbarie);

d) pouvoir avec liberté et loi (République).

KANT

Point de propriété, sans liberté; point de liberté, sans sûreté.

PIERRE DUPONT DE NEMOURS

[...] la liberté étant le plus grand des biens, il est normal qu'elle soit le plus onéreux.
JEAN DUTOUR

Toute société qui prétend assurer aux hommes la liberté doit commencer par leur garantir l'existence.
LÉON BLUM

Pour détruire les États les plus riches, les plus puissants, les plus glorieux, il a suffi de la seule liberté immodérée des opinions, de la licence des discours et de l'amour des nouveautés.
GRÉGOIRE XVI

La liberté est illusoire si elle n'est pas générale: il n'y a qu'oppression là où le libre essor des passions est restreint à l'extrême minorité.
CHARLES FOURIER

On est fataliste, et à chaque instant on pense, on parle, on écrit comme si l'on persévérait dans le préjugé de la liberté, préjugé dont on a été bercé, qui a institué la langue vulgaire qu'on a balbutiée et dont on continue à se servir, sans s'apercevoir qu'elle ne convient plus à nos opinions.

DIDEROT

Diogène dit quelque part: «Le seul moyen d'être libre, c'est d'être disposé à mourir»; et il écrit au roi de Perse: «Tu ne peux réduire en esclavage la ville d'Athènes, pas plus que les poissons de la mer. — Comment! Ne la prendrais-je pas? — Si tu la prends, les Athéniens feront comme les poissons, ils te quitteront et s'en iront. Et en effet le poisson que tu prends meurt; et s'ils meurent dès qu'ils sont pris, à quoi peuvent te servir tous tes préparatifs?» Voilà les paroles d'un homme libre qui a examiné la question avec soin et qui a trouvé vraisemblablement la réponse.

ÉPICTÈTE

L'esprit ne peut réellement choisir qu'entre deux maîtres, la personnalité et la sociabilité. Quand il se croit libre, il subit seulement le joug le plus puissant et le moins noble, qui lui cache l'ascendant du dehors en fixant sa destination au-dedans.

AUGUSTE COMTE

Programme pour le Parti social-démocrate russe:
Le Parti social-démocrate russe revendique en premier lieu:

1) la convocation du *Zemski Sobor* (assemblée constituante) qui sera composé de représentants de tous les citoyens, pour l'élaboration d'une constitution;

2) le suffrage universel et direct pour tous les citoyens russes ayant atteint l'âge de vingt et un ans, sans distinction de religion et de nationalité;

3) la liberté de réunion, d'association et de grève;

4) la liberté de presse;

5) la suppression des classes et l'égalité absolue de tous devant la loi;

6) la liberté du culte et l'égalité de toutes les nationalités;

7) le droit de tout citoyen de poursuivre n'importe quel fonctionnaire devant les tribunaux, sans passer par la voie hiérarchique;

8) la suppression du passeport, le droit de circuler librement et de changer de domicile;

9) le droit de faire du travail artisanal et d'exercer un métier; la suppression des corporations.

LÉNINE
(en prison 1895-1896)

**ENTRÉE INTERDITE
A TOUTE
PERSONNE ÉTRANGÈRE
AU SERVICE**

DÉFENSE
DE-DUMPER
TERRE
AVIS
500.00 AMENDE

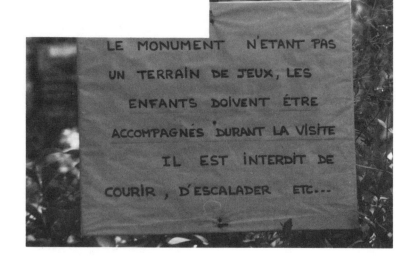

LE MONUMENT N'ETANT PAS UN TERRAIN DE JEUX, LES ENFANTS DOIVENT ÊTRE ACCOMPAGNÉS DURANT LA VISITE IL EST INTERDIT DE COURIR, D'ESCALADER ETC...

Si tu le veux, tu es libre; si tu
le veux, tu ne blâmeras
personne, tu ne te plaindras
de personne, tout arrivera à
la fois selon ta volonté et
selon celle de Dieu.
ÉPICTÈTE

La liberté politique
commence quand, dans la
majorité du peuple, l'individu
se sent responsable de la
politique de la collectivité à
laquelle il appartient —
lorsqu'il ne se contente pas
de réclamer et de protester —
lorsqu'il exige bien plutôt de
lui-même de voir la réalité
telle qu'elle est. Il ne veut pas
agir en s'inspirant, sur le
terrain politique où elle n'a
rien à voir, d'une foi en un
paradis terrestre, que seules la
mauvaise volonté et la bêtise
des autres empêchent de
réaliser. Il sait, au contraire,
que la politique cherche dans
le monde concret le chemin
qu'il est possible, à tel ou tel
moment, de suivre, en
s'inspirant de l'idéal de la condition d'homme: la liberté.
KARL JASPERS

Le petit État existe pour qu'il y ait dans le monde un coin de
terre où le plus grand nombre d'habitants puissent jouir de la
qualité de citoyens au vrai sens du mot... Le petit État ne
possède rien d'autre que la véritable et réelle liberté par laquelle
il compense pleinement, sur le plan idéal, les énormes avantages
et même la puissance des grands États.
JAKOB BURCKHARDT

Programme de la légion polonaise
(1848):
6. En Pologne, liberté de toutes les confessions, liberté de tout culte et de toute association religieuse.
7. Une parole libre, librement exprimée, jugée par la loi selon ses fruits.
8. Chaque membre de la nation est citoyen, tous les citoyens sont égaux devant la loi et les magistratures.
9. Toutes les fonctions sont électives, librement données, librement acceptées.
10. À Israël, frère aîné, respect, fraternité et aide dans sa recherche de biens éternels et temporels. Droits égaux en tout.
11. À la femme, notre compagne, fraternité et citoyenneté, droits égaux en tout.
12. À chaque Slave habitant en Pologne, fraternité, citoyenneté, droits égaux en tout.
13. À chaque famille — une terre familiale sous la tutelle de la communauté. À chaque village — une terre commune sous la tutelle de la nation.
14. Toute propriété respectée et sauvegardée par la loi nationale.
15. Aide politique, fraternelle, de la Pologne au frère tchèque et aux peuples tchèques, au frère russe et aux peuples russes. Aide chrétienne à tous les peuples, nos prochains.

ADAM MICKIEWICZ

La liberté politique et
civique reste et sera toujours
le plus sacré de tous les biens,
le but le plus digne de tous
les efforts, et le centre de
toute culture — mais ce
splendide édifice, on ne
pourra jamais l'élever que sur
le ferme fondement d'un
caractère ennobli. Il faut
donc commencer par créer
des citoyens pour une
constitution, avant de
pouvoir donner une
constitution aux citoyens.
FRIEDRICH SCHILLER

Rien n'est si dangereux que
de laisser longtemps le
pouvoir aux mains d'un
même citoyen. Le peuple
s'habitue à lui obéir, et lui
s'habitue à commander au
peuple; il y a là une source
d'usurpation et de tyrannie
[...] Les bonnes coutumes
sont les piliers des lois, non
la force; l'exercice de la
justice est l'exercice de la liberté.
... De nombreuses nations anciennes et modernes ont secoué
l'oppression; mais très rares sont celles qui ont su jouir de
quelques précieux moments de liberté; elles sont très vite
retombées dans leurs mauvaises habitudes; car ce sont les
peuples, plus que les gouvernements, qui traînent avec eux la
tyrannie [...] Seule la démocratie, à mon sens, est compatible
avec une liberté absolue; mais quel est le gouvernement
démocratique qui a réuni en même temps pouvoir, prospérité et

permanence? [...] Les codes, les systèmes, les constitutions, si sages qu'ils soient, sont des œuvres mortes qui ont peu d'influence sur les sociétés; ce sont les hommes vertueux, les patriotes et les hommes illustres qui constituent les républiques! [...] J'implore la confirmation de la liberté absolue des esclaves comme j'implorerais pour ma vie et la vie de la République.

SIMON BOLIVAR

1. La liberté en tant qu'homme, j'en exprime le principe pour la constitution d'une communauté dans la formule: personne ne peut me contraindre à être heureux d'une certaine manière (celle dont il conçoit le bien-être des autres hommes), mais il est permis à chacun de chercher le bonheur dans la voie qui lui semble, à lui, être la bonne, pourvu qu'il ne nuise pas à la liberté qui peut coexister avec la liberté de chacun selon une loi universelle possible (autrement dit, à ce droit d'autrui). — Un gouvernement qui serait fondé sur le principe de la bienveillance envers le peuple, tel celui du père envers ses enfants, c'est-à-dire un gouvernement paternel (*imperium paternale*), où par conséquent les sujets, tels des enfants mineurs incapables de décider de ce qui leur est vraiment utile et nuisible, sont obligés de se comporter de manière uniquement passive, afin d'attendre uniquement du

jugement du chef de l'État la façon dont ils doivent être heureux, et uniquement de sa bonté qu'il le veuille également — un tel gouvernement, dis-je, est le plus grand despotisme que l'on puisse concevoir (constitution qui supprime toute liberté des sujets qui, dès lors, ne possèdent plus aucun droit). Ce n'est pas un gouvernement paternel (*väterlich*) mais un gouvernement patriotique (*vaterländisch*) — *imperium non paternale, sed patrioticum* — qui est seul concevable pour des hommes capables de droits, en même temps qu'il répond à la bienveillance du souverain. En effet la manière de penser (*Denkungsart*) est patriotique lorsque chaque individu dans l'État (sans en excepter le chef) considère le corps commun comme le sein maternel, ou encore le pays comme le sol paternel d'où il est issu et où il est né lui-même, et qu'il lui faut aussi laisser comme un gage précieux à seule fin d'en préserver les droits au moyen des lois de la volonté commune, sans se tenir pour autorisé à en disposer selon son caprice incontrôlé. — Ce droit de la liberté lui revient en partage à titre de membre du corps commun en tant qu'homme, c'est-à-dire en tant qu'être qui, de façon générale, est capable de droits.

2. L'égalité en tant que sujet, on peut la formuler ainsi: chaque membre du corps commun possède un droit de contrainte sur tout autre, à l'exception du seul chef de l'État (parce qu'il n'est

pas membre de ce corps, mais son créateur ou son conservateur) qui, seul, a le pouvoir de contraindre, sans être lui-même soumis à une loi de contrainte. Quiconque dans un État se trouve sous des lois est sujet, donc soumis au droit de contrainte comme les autres membres du corps commun; seul est excepté (dans sa personne physique ou morale) le chef de l'État, qui, seul, peut exercer toute contrainte de droit. Car s'il pouvait lui aussi être contraint, il ne serait pas le chef de l'État, et la série ascendante de subordination irait à l'infini. D'autre part s'ils étaient deux (personnes affranchies de contrainte), ni l'une ni l'autre ne serait soumise à des lois de contrainte et l'une ne pourrait traiter l'autre de façon contraire au droit, ce qui est impossible.

Cette égalité universelle des hommes dans un État, comme sujets de celui-ci, est toutefois parfaitement compatible avec la plus grande inégalité, en quantité ou en degrés, de leur propriété, qu'il s'agisse de supériorité physique ou intellectuelle sur les autres, ou de biens de fortune qui leur sont extérieurs, et de droits en général (il peut y en avoir beaucoup) dans leurs rapports aux autres, de sorte que le bien-être de l'un dépend beaucoup de la volonté de l'autre (celui du pauvre dépend de celle du riche), que l'un doit se montrer obéissant (les enfants aux parents, la femme au mari) tandis que l'autre lui commande, que l'un sert (comme journalier) tandis que l'autre rétribue, etc. Mais selon le droit (qui, en tant qu'expression de la volonté générale ne peut être qu'unique, et qui concerne la forme du droit, non la matière ou l'objet sur lequel j'ai un droit) ils sont cependant, en tant que sujets, tous égaux, puisque nul ne peut contraindre l'autre autrement qu'en vertu de la loi publique (et par son organe, le chef de l'État), tandis qu'en vertu de la loi, tout autre lui résiste dans la même mesure, personne ne pouvant perdre cette faculté de contrainte, donc son recours de droit contre autrui, autrement que du fait de son propre crime, non plus qu'y renoncer de soi-même, c'est-à-dire par un contrat, par conséquent personne ne pouvant par un acte juridique faire qu'il n'ait pas de droit, mais uniquement des devoirs, puisqu'il se priverait ainsi lui-même du droit de contracter, et que par suite le contrat se supprimerait de lui-même.

Or, de cette idée de l'égalité des hommes dans le corps commun comme sujets découle également la formule suivante: il faut que tout membre de ce corps puisse y parvenir à tout degré de condition (convenant à un sujet) où le peuvent porter son talent, son activité et sa chance; et il ne faut pas que ses cosujets

(*Mitunterthanen*) lui barrent
la route en vertu d'une
prérogative héréditaire
(jouissant du privilège d'une
certaine condition) lui
permettant de le maintenir
éternellement, lui et ses
descendants, à un rang
inférieur au leur.

KANT

Nous voulons être un seul
peuple de frères
Que ni périls ni misère ne
divisent
Nous voulons être libres
comme le furent nos pères
Plutôt la mort que vivre en
esclavage!
Nous voulons mettre en Dieu
notre confiance
Et ne pas craindre les
puissances humaines.

FRIEDRICH SCHILLER

DE LA LIBERTÉ DU CITOYEN
La liberté philosophique
consiste dans l'exercice de sa
volonté, ou du moins (s'il
faut parler dans tous les systèmes) dans l'opinion où l'on est que
l'on exerce sa volonté. La liberté politique consiste dans la
sûreté, ou du moins dans l'opinion que l'on a de sa sûreté.
Cette sûreté n'est jamais plus attaquée que dans les accusations
publiques ou privées. C'est donc de la bonté des lois criminelles
que dépend principalement la liberté du citoyen.
QUE LA LIBERTÉ EST FAVORISÉE PAR LA NATURE DES PEINES
ET LEUR PROPORTION

C'est le triomphe de la liberté, lorsque les lois criminelles tirent chaque peine de la nature particulière du crime. Tout l'arbitraire cesse; la peine ne descend point du caprice du législateur, mais de la nature de la chose; et ce n'est point l'homme qui fait violence à l'homme. [...]

Dans les choses qui troublent la tranquillité ou la sûreté de l'État, les actions cachées sont du ressort de la justice humaine. Mais dans celles qui blessent la divinité, là où il n'y a point d'action publique, il n'y a point de matière de crime: tout s'y passe entre l'homme et Dieu, qui sait la mesure et le temps de ses vengeances. Que si, confondant les choses, le magistrat recherche aussi le sacrilège caché, il porte une inquisition sur un genre d'action où elle n'est point nécessaire: il détruit la liberté des citoyens, en armant contre eux le zèle des consciences timides, et celui des consciences hardies.

Il faut se mettre dans l'esprit ce que c'est que l'indépendance, et ce que c'est que la liberté. La liberté est le droit de faire tout ce que les lois permettent; et si un citoyen pouvait faire ce qu'elles défendent, il n'aurait plus de liberté, parce que les autres auraient tout de même ce pouvoir.

MONTESQUIEU

Celui-là est libre qui a
l'assurance de n'être point
inquiété dans l'exercice de sa
propriété personnelle et dans
l'usage de sa propriété réelle.
Ainsi tout citoyen a le droit
de rester, d'aller, de penser,
de parler, d'écrire,
d'imprimer, de publier, de
travailler, de produire, de
garder, de transporter,
d'échanger et de consommer,
etc.
Les limites de la liberté
individuelle ne sont placées
qu'au point où elle
commencerait à nuire à la
liberté d'autrui. C'est à la loi
à reconnaître ces limites et à
les marquer. Hors de la loi,
tout est libre pour tous: car
l'union sociale n'a pas
seulement pour objet la
liberté d'un ou de plusieurs
individus, mais la liberté de
tous. Une société dans
laquelle un homme serait
plus ou moins libre qu'un
autre serait, à coup sûr, fort
mal ordonnée: il faudrait la reconstituer.
ABBÉ EMMANUEL JOSEPH SIEYÈS
Préliminaire à la Constitution (1789)

La liberté est-elle concevable sans une harmonie parfaite? Elle a
vite fait de se transformer en un esclavage secret. Je deviens
libre en opprimant quelqu'un. On peut très rapidement
apprendre à éviter d'être écrasé, mais il faut des siècles d'airain
d'un noviciat tel qu'on n'en a encore jamais connu pour perdre

la volonté d'écraser les autres
[...] La liberté n'existe pas et
n'a jamais existé [...]
Actuellement, l'humanité se
dirige non pas vers le paradis,
mais vers le plus rude, le plus
noir, le plus brûlant des
purgatoires. Les ténèbres
absolues de la liberté sont
proches. L'Assyrie et l'Égypte
seront dépassées par un
nouvel esclavage inouï. Mais
les galères ne représentent
qu'un stade préparatoire,
qu'un garant de la liberté
[...] de la liberté sciemment
créée, parfaitement
équilibrée, de l'harmonie
suprême.

**ILYA GRIGORIEVITCH
EHRENBOURG**

Lorsque la raison approuve
que l'homme fasse un certain
usage de ses forces et de sa
liberté, ou, ce qui est la
même chose, lorsqu'elle
reconnaît en lui un certain
droit, il faut, par
conséquence naturelle, que pour assurer ce droit à un homme,
elle reconnaisse en même temps que les autres hommes ne
doivent point se servir de leurs forces ni de leur liberté pour lui
résister en cela, mais qu'au contraire, ils doivent respecter son
droit, et l'aider à en user.

Les droits parfaits sont ceux dont on peut rigoureusement exiger
l'effet [...] C'est ainsi que l'on peut raisonnablement opposer la
force à quiconque attente injustement à notre vie, à nos biens
ou à notre liberté.

L'homme ne saurait renoncer entièrement, absolument et sans réserve à sa liberté; car ce serait manifestement se mettre dans la nécessité de mal faire, si celui auquel on s'est soumis sur ce plan-là l'ordonnait.

Nous sommes donc obligés de nous regarder comme naturellement égaux, et de nous traiter comme tels; et ce serait démentir la nature, que de ne pas reconnaître ce principe d'équité comme un des premiers fondements de la société.

Bien loin que le gouvernement renverse ce premier ordre (l'état naturel de liberté et d'égalité), c'est plutôt pour lui donner un nouveau degré de force et de consistance qu'il est établi.

JEAN-JACQUES BURLAMAQUI

Chaque homme est libre dans les États de la République, qu'il y soit né, qu'il y soit établi, ou qu'il vienne d'y arriver. Il y a le droit d'user de ses forces et de sa fortune comme bon lui semble pourvu qu'il se conforme à la loi de Dieu et aux lois du pays. Aucun homme ne peut s'emparer d'un autre homme, par sa propre force ou avec l'aide de ses semblables; personne n'a le droit de l'y aider, ni de causer préjudice à la personne, à la vie et à la fortune de son prochain.

HUGUES KOLLATAJ

Jamais, quelle que soit l'époque, quelles que soient les conditions, il n'est permis de violer les droits de l'homme ni de refuser de lui restituer ses droits. Aucun pays n'est digne d'être appelé libre si un homme y est malheureux; aucun pays n'est libre si un homme y est réduit en esclavage. Aucune législation ne doit donc passer sous silence les droits de l'homme; aucune société ne peut sacrifier un homme pour les autres. Un raisonnement qui le permettrait serait l'expression soit de la crainte, soit de l'injustice. Dire que le peuple, n'étant pas éclairé, ne peut jouir de l'ensemble de ses droits, c'est parler contre la sagesse et la vérité, car il n'y a aucun cas (à l'exception de la débilité de l'âge et des sens) où l'homme puisse perdre ses droits. Le mineur même et le fou sont placés sous la protection de la bienfaisance humaine; seul le criminel peut être l'esclave de la société. Car le destin que l'opinion prépare à l'homme est le fruit du hasard, tandis que le sentiment du cœur est l'effet des droits qui lui sont naturels.

HUGUES KOLLATAJ

AU BORD DE LA CASCADE. — En contemplant une chute d'eau, nous croyons voir dans les innombrables ondulations, serpentements, brisements des vagues, liberté de la volonté et caprice; mais tout est nécessité, chaque mouvement peut se calculer mathématiquement. Il en est de même pour les actions humaines; on devrait pouvoir calculer d'avance chaque action, si l'on était omniscient, et de même chaque progrès de la connaissance, chaque erreur, chaque méchanceté. L'homme agissant lui-même est, il est vrai, dans l'illusion du libre arbitre; si à un instant la roue du monde s'arrêtait et qu'il y eût là une intelligence calculatrice omnisciente pour mettre à profit cette pause, elle pourrait continuer à calculer l'avenir de chaque être jusqu'aux temps les plus éloignés et marquer chaque trace où cette roue passera désormais. L'illusion sur soi-même de l'homme agissant, la conviction de son libre arbitre, appartient également à ce mécanisme, qui est objet de calcul.

NIETZSCHE

On accorde couramment que les fous n'ont pas de liberté. Mais, à en juger par leurs actions, celles-ci ont moins de régularité et de constance que les actions des hommes sensés: par suite elles sont plus éloignées de la nécessité. Notre manière de penser sur ce point est donc absolument incohérente.

DAVID HUME

Tout ce qui augmente la
liberté augmente la
responsabilité.
VICTOR HUGO

Le premier des droits de
l'homme c'est la liberté
individuelle, la liberté de la
propriété, la liberté de la
pensée, la liberté du travail.
JEAN JAURÈS

La liberté, c'est un mot qui a
fait le tour du monde et qui
n'en est pas revenu.
HENRI JEANSON

Le jeune pinson demande au
    vieux pourquoi il soupire:
«Cette cage où nous vivons
    est pourtant confortable!
— Tu es né ici et peux bien
    croire qu'il en est ainsi.
Hélas je me souviens de la
    liberté — et je soupire.»
IGNACY KRASICKI

Ne crois pas que le peuple
offensé, bafoué soit déchu de
son honneur: la pierre précieuse perd-elle de sa valeur parce
qu'elle est tombée à terre?
La corde meurtrière du bourreau serait-elle changée en dragon
de la mort, elle est mille fois préférable à la chaîne de
l'esclavage.
Est-il possible d'anéantir l'idée de la liberté par des actes injustes
et cruels? Essaie, si tu le peux, de bannir la raison de l'humanité
entière.
NAMIK KEMAL

La liberté n'est pas au commencement mais à la fin. La liberté est le fruit du bon ordre.

PIERRE GAXOTTE

La liberté n'est pas à craindre, tant qu'elle n'a pas à craindre pour elle-même.

ÉMILE DE GIRARDIN

L'idéal change, la nature demeure; et le meilleur usage que l'homme puisse faire de la liberté c'est de n'en faire aucun.

J. GRENIER

En outre, on doit aussi savoir que nous avons expressément déterminé et stipulé envers tous ceux qui sont dans cette alliance que chaque ville, chaque ferme, chaque village auquel appartient celui qui fait partie de cette alliance, doit continuer de rester avec ses tribunaux, ses libertés, ses lettres de franchise, ses droits et ses bonnes coutumes, tels qu'il les a eus jusqu'à maintenant, de sorte que personne ne doit leur porter atteinte ou les empêcher, sans réserve. Il est aussi spécialement stipulé, afin que jeunes et vieux, et tous ceux que cela regarde, connaissent mieux cette alliance, qu'ils la renouvelleront et l'expliqueront, par paroles, par écrits et sous serment, et avec tout le cérémonial usuel, tous les dix ans, avant ou après le commencement de mai. Tous les hommes et jeunes gens qui ont plus de seize ans à ce moment-là doivent jurer de s'en tenir toujours à cette alliance.

TRAITÉ DE ZURICH (1351)

Il va cherchant liberté, don
si cher, comme sait qui pour
elle abjure vie.
DANTE

Ah! que la liberté est une
  noble chose!
La liberté est source de joie;
Elle console l'homme de tous
  ses maux.
Quel plaisir que de vivre
  libre!
Un noble cœur ne peut être
  à l'aise,
Ni connaître aucun
  contentement,
Quand fait défaut la liberté;
  car être libre
Est le désir suprême de
  l'homme.
Quiconque a toujours été
  libre
Ne peut pas se représenter la
  condition,
La rancœur et le pitoyable
  destin
De ceux qui sont asservis.
Mais quiconque a lui-même
  été esclave
Sait parfaitement ce que
  souffre l'esclave
Et attache à la liberté plus de prix
Qu'à tout l'or du monde.
Car toujours l'expérience du malheur
Nous donne une image plus vraie du bonheur.
JOHN BARBOUR

Force aucune ne le dompte, temps ne le consume, ni mérite n'a
d'égal, le nom de liberté.
MACHIAVEL

La fin d'une loi n'est point d'abolir ou de diminuer la liberté, mais de la conserver et de l'augmenter. En effet, dans tous les États dont les membres sont des créatures capables de lois, où il n'y a point de loi, il n'y a point non plus de liberté. Car la liberté consiste à être exempt de gêne et de violence de la part d'autrui: ce qui ne saurait se trouver où il n'y a point de loi, et où il n'y a point, selon ce que nous avons dit ci-dessus, une liberté, par laquelle chacun peut faire ce qu'il lui plaît. Car qui peut être libre, lorsque l'humeur fâcheuse de quelque autre pourra dominer sur lui et le maîtriser? Mais on jouit d'une véritable liberté quand on peut disposer librement et comme on veut de sa personne, de ses actions, de ses possessions, de tout son bien propre, suivant les lois sous lesquelles on vit, et qui font qu'on n'est point sujet à la volonté arbitraire des autres, mais qu'on peut librement suivre la sienne propre.

JOHN LOCKE

Il est impossible de comprendre la production d'un être doué de liberté par une opération physique. On ne peut pas même comprendre comment il est possible que Dieu crée des êtres libres; en effet, il semble que toutes leurs actions futures

devraient être prédéterminées par ce premier acte et comprises en la chaîne de la nécessité naturelle, et par conséquent elles ne seraient pas libres.
KANT

[…] au train où vont les choses, bientôt, la seule liberté qui nous sera tout à fait indispensable sera la liberté de la réclamer.
MARCEL JULLIAN

La liberté paraît si fragile, si
menacée, si précaire que
chacun, quelle que soit sa
philosophie ou son
appartenance politique, croit
nécessaire d'en interdire
l'exercice à autrui — à seule
fin de préserver la sienne.
Nul ne s'avise que seule la
pratique quotidienne, multiple et avouée des libertés constitue
la bonne thérapeutique de la peur et la seule chance véritable de
la liberté au singulier.

MARCEL JULLIAN

La liberté n'est possible que dans un pays où le droit l'emporte
sur les passions.

HENRI LACORDAIRE

Donner la liberté au monde par la force est une étrange entreprise pleine de chances mauvaises. En la donnant, on la retire.
JEAN JAURÈS

La liberté n'est rien quand tout le monde est libre.
CORNEILLE

La vraie liberté n'est pas de faire ce qu'on veut, mais ce qu'on a le droit de faire.
VICTOR COUSIN

Quand on ne jure plus que par la liberté du peuple, c'est qu'elle va passer un mauvais quart d'heure.
PIERRE DANINOS

Le manteau de la liberté sert à couvrir nombre de petites chaînes.
CHARLES DE BROSSES

L'unique liberté des peuples
est celle de changer de
maîtres.
J. DEVAL

La liberté jamais ne mourut
au fond des prisons.
MAURICE DRUON

La liberté est un système de
courage.
CHARLES PÉGUY

Il n'y a de bonheur que dans
la liberté et de grandeur que
dans une liberté croissante.
ROGER PEYREFITTE

Un esprit libre prend des
libertés même à l'égard de la
liberté.
FRANÇOIS PICABIA

Aujourd'hui, il faut profiter
de la liberté en cachette. La
liberté est un privilège, or
nous sommes contre tous les
privilèges. Plus un homme
est libre, plus il doit feindre
d'être un esclave.
RAFAËL PIVIDAL

Il ne s'agit pas de tuer la liberté individuelle mais de la
socialiser.
PIERRE JOSEPH PROUDHON

Tant qu'on entend gémir la liberté, c'est qu'on n'a pas trop à
s'alarmer pour elle.
JEAN ROSTAND

J'entends par liberté, au sens cosmologique, la faculté de commencer de soi-même un état dont la causalité n'est pas subordonnée à son tour, suivant la loi de la nature, à une autre cause qui la détermine quant au temps.

KANT

La liberté est le pain que les peuples doivent gagner à la sueur de leur front.

FÉLICITÉ ROBERT DE LAMENNAIS

Il est des équipes où pour respecter la liberté de l'un, on n'a pas respecté la liberté des autres.
Et, finalement, toute l'équipe est morte.

J. LOEW ET J. FAIZANT

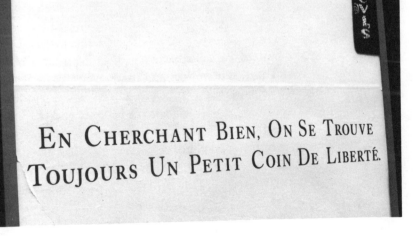

EN CHERCHANT BIEN, ON SE TROUVE TOUJOURS UN PETIT COIN DE LIBERTÉ.

C'est par la violence qu'on
doit établir la liberté.
JEAN-PAUL MARAT

Ma liberté ne vaut que si
j'assume celle des autres [...]
la liberté de nos adversaires
n'est-elle pas aussi la nôtre?
FRANÇOIS MITTERRAND

À tous les repas pris en
commun, nous invitons la
liberté à s'asseoir. La place
demeure vide mais le couvert
reste mis.
RENÉ CHAR

Les excès de la liberté
mènent au despotisme; mais
les excès de la tyrannie ne
mènent qu'à la tyrannie.
CHATEAUBRIAND

La liberté est le lien suprême
pour ceux-là seuls qu'anime
la volonté d'être hérétiques.
E. M. CIORAN

À cela se rapporte la liberté
la plus funeste, la liberté exécrable, pour laquelle on n'aura
jamais assez d'horreur et que certains osent avec tant de bruit et
d'instance demander et étendre partout. Nous voulons dire la
liberté de la presse et de l'édition.
De la source putréfiée de l'indifférentisme découle cette maxime
absurde et erronée, ou plutôt ce délire: qu'on doit procurer et
garantir à chacun la liberté de conscience.
GRÉGOIRE XVI

**LA PRATIQUE DU
'BENJI'
(Saut en élastique)
est INTERDITE
A PARTIR DE CE PONT**

STATIONNEMENT INTERDIT
à Tous Véhicules - sous
le hangar et ses abords,
les jours de foires et
fêtes de REALMONT
(Arrêté municipal du 2.8.1963)

La liberté existe toujours. Il suffit d'en payer le prix.
HENRY MILLON DE MONTHERLANT

Les hommes n'ont jamais l'air si heureux que le jour où ils abdiquent leur liberté.
CHARLES NODIER

Les seules libertés auxquelles nous soyons sensibles sont celles qui viennent jeter autrui dans une servitude équivalente.
PIERRE DANINOS

[...] la liberté, seule valeur impérissable de l'histoire.
ALBERT CAMUS

Le peuple le plus attaché à sa liberté, dans les temps modernes, est aussi le peuple le plus attaché à ses jouissances; et il tient à sa liberté surtout parce qu'il est assez éclairé pour y apercevoir la garantie de ses jouissances.
BENJAMIN CONSTANT

La matière a sa substance en dehors d'elle; mais l'esprit est ce qui demeure dans son propre élément et c'est en cela que consiste la liberté, car si je suis dépendant, je me rapporte à autre chose qui n'est pas moi et je ne puis exister sans cette chose extérieure. Je suis libre quand je suis dans mon propre élément.
HEGEL

N'attendre rien de personne
est le seul moyen de
connaître la liberté de
l'esprit. C'est un état difficile
à conserver. Il y faut
l'indifférence aux honneurs
et au luxe. Il y faut aussi un
minimum d'aisance et c'est là
qu'est la souveraine injustice.

J. DE BOURBON

La liberté n'existe que là où
l'intelligence et le courage
parviennent à mordre
sur la fatalité.

ROGER CAILLOIS

La liberté est un bagne aussi
longtemps qu'un seul homme
est asservi sur la Terre.

ALBERT CAMUS

 Je suis un Peau-Rouge qui ne
marchera jamais dans une
file indienne.

ACHILLE CHAVÉE

Et ne regrettez rien si, libre
enfin, vous tracez
un beau sillage.

N. BARNEY

Le droit, l'ordre éthique, l'État constituent la seule réalité
positive et la seule satisfaction de la liberté.

PAUL-HENRI DIETRICH D'HOLBACH

Je n'ai pas appris la liberté dans Marx [...]
je l'ai apprise dans la misère.

ALBERT CAMUS

Quand une fois on a trouvé
le moyen de prendre la
multitude par l'appât de la
liberté, elle suit en aveugle,
pourvu qu'elle en entende
seulement le nom.
BOSSUET

La liberté ne peut être l'objet
d'un serment, puisqu'elle en
est le fruit.
J. DE BOURBON

Une liberté qui ne s'emploie
qu'à nier la liberté doit être niée.
SIMONE DE BEAUVOIR

La liberté est la faculté de faire pour son propre bonheur tout ce
qui ne nuit pas au bonheur de ses associés.
PAUL-HENRI DIETRICH D'HOLBACH

Ils veulent être libres et ne savent pas être justes.
ABBÉ EMMANUEL JOSEPH SIEYÈS

Il n'est pas bon d'être trop libre; il n'est pas bon d'avoir toutes les nécessités.
PASCAL

Être libre, ce n'est pas seulement ne rien posséder, c'est n'être possédé par rien.
JULIEN GREEN

Tout homme est né libre. Celui-ci vaut celui-là: il n'y a de véritable supériorité que celle de l'intelligence et de la vertu. Il faut enfin que le monde le sache.
ALEXANDRE DUMAS FILS

La liberté est une simple idée, dont la réalité objective ne peut en aucune façon être mise en évidence d'après les lois de la nature, par suite dans aucune expérience possible, qui en conséquence, par cela même qu'on ne peut jamais mettre sous elle un exemple, selon quelque analogie, ne peut jamais être comprise ni même seulement aperçue.
KANT

La grande faiblesse des régimes de liberté, c'est que chacun est libre de clamer qu'on ne l'est pas.
JEAN ROSTAND

Il faut être intolérant pour être libre.
GEORGES DARIEN

La liberté enfante l'anarchie, l'arnarchie conduit au despotisme, et le despotisme ramène la liberté. [...] Quand l'homme croit avoir perfectionné, il n'a fait que déplacer les choses.
BALZAC

Quand on ne peut plus avoir
la liberté qu'on avait sous les
tyrans, on jouit au moins des
tyrannies de ceux qui parlent
de liberté.

F. BAC

Le sang d'un seul homme est
d'un plus grand prix que la
liberté de tout le genre
humain.

JEAN-JACQUES ROUSSEAU

Lorsqu'un homme crie:
«Vive la liberté!» il pense
évidemment à la sienne.

GEORGES BERNANOS

Supposons que quelqu'un
affirme, en parlant de son
penchant au plaisir, qu'il lui
est tout à fait impossible d'y
résister quand se présentent
l'objet aimé et l'occasion: si,
devant la maison où il
rencontre cette occasion,
une potence était dressée
pour l'y attacher aussitôt
qu'il aurait satisfait sa
passion, ne triompherait-il pas alors de son penchant? On ne
doit pas chercher longtemps ce qu'il répondrait. Mais
demandez-lui si, dans le cas où son prince lui ordonnerait, en le
menaçant d'une mort immédiate, de porter un faux témoignage
contre un honnête homme qu'il voudrait perdre sous un
prétexte plausible, il tiendrait comme possible de vaincre son
amour pour la vie, si grand qu'il puisse être. Il n'osera peut-être
assurer qu'il le ferait ou qu'il ne le ferait pas, mais il accordera
sans hésiter que cela lui est possible. Il juge donc qu'il peut faire

une chose, parce qu'il a
conscience qu'il doit la faire
et il reconnaît ainsi en lui la
liberté qui, sans la loi morale,
lui serait restée inconnue.
KANT

Peuples libres, souvenez-vous
de cette maxime: On peut
acquérir la liberté; mais on
ne la recouvre jamais.
JEAN-JACQUES ROUSSEAU

Ils trouvent la liberté belle,
ils l'aiment, mais ils sont
toujours prêts à lui préférer la
servitude qu'ils méprisent,
exactement comme ils
trompent leur femme avec
des gourgandines.
GEORGES BERNANOS

Il n'y a pas de liberté donnée;
il faut se conquérir sur les
passions, sur la race, sur la
classe, sur la nation et
conquérir avec soi les autres
hommes.
JEAN-PAUL SARTRE

On pourrait définir la liberté pratique, l'indépendance de la
volonté à l'égard de toute loi autre que la loi morale.
KANT

Rien n'est éternel sauf, chez les hommes courageux, le goût de la
liberté.
ARMAND SALACROU

DO NOT FEED
THE
ELEPHANTS

À force de vivre dans la
liberté nous n'en imaginons
plus l'absence, et en ignorons
le prix, pas plus qu'on ne
rend grâces à l'oxygène
qu'on respire.

R. DE SAINT-JEAN

Renoncer à sa liberté c'est
renoncer à sa qualité
d'homme, aux droits de
l'humanité, même
à ses devoirs.

JEAN-JACQUES ROUSSEAU

La liberté est vouée à disparaître quand elle ne suscite plus
autant d'amour qu'elle ne cause de faiblesse.

JEAN ROSTAND

Je suis né libre et le demeure,
Je veux qu'ainsi l'on vive et meure,
Et je puis d'une libre main
Sans quémander prendre mon pain.

Je vais où il me plaît d'aller
Et j'écoute ce qui m'agrée,
Je proclame ce que je pense,
Et je puis aimer, être aimé,
Faire le bien m'est
récompense
Oui, ma loi, c'est ma
volonté.
(...)
Non! que mes jours trouvent
leur borne
Sur cette terre où je suis né,
Que ma cendre seulement
s'orne
De la grandeur que j'ai
chantée.
Vienne l'enfant féru de gloire
Qui sur ma tombe délaissée
Ainsi célèbre ma mémoire:
«Celui-là né dans ces temps
noirs,
Chargé de fers, fut le premier
Prophète de la liberté.»
**ALEXANDRE NIKOLAIEVITCH
RADICHTCHEV**

Les gens s'imaginent qu'il suffit de démontrer la vérité, comme un théorème de mathématiques, pour la faire accepter; qu'il suffit d'y croire soi-même pour que les autres y croient. Or il en va tout autrement: les uns disent une chose, les autres les écoutent et comprennent autre chose, parce que leur degré d'évolution n'est pas le même. Que prêchaient les premiers chrétiens et qu'est-ce que la foule a compris? La foule a compris tout l'incompréhensible, l'absurde et le mystique; tout ce qui était clair et simple lui a été inaccessible; la foule a accepté tout ce qui liait la conscience, et rien de ce qui affranchissait l'homme. De même, plus tard, elle a compris la révolution uniquement comme une exécution sanglante, une guillotine, une vengeance; une amère nécessité historique est devenue un cri de triomphe; au mot de «fraternité» on a accolé celui de «mort»; «la fraternité ou la mort» est devenu une sorte de «la bourse ou la vie» des terroristes. Nous avons tant vécu nous-mêmes, nous avons tant vu et, de plus, nos prédécesseurs ont tant vécu pour nous, qu'à la fin il est devenu pour nous impardonnable de nous passionner, de croire qu'il suffit de faire connaître l'Évangile au monde romain pour en faire une république démocratique et sociale, comme le croyaient les apôtres rouges; ou qu'il suffit d'imprimer

sur deux colonnes une
édition illustrée des *Droits de
l'homme* pour que l'homme
devienne libre.

**ALEXANDRE IVANOVITCH
HERZEN**

La liberté est l'essence de
l'homme, à un point tel que
même ses adversaires la
réalisent, bien qu'ils en
combattent la réalité; ils
veulent s'approprier comme
la parure la plus précieuse ce
qu'ils ont rejeté comme
parure de la nature humaine.
Nul ne combat la liberté; il
combat tout au plus la liberté
des autres. La liberté a
toujours existé, mais tantôt
comme privilège de
quelques-uns, tantôt comme
droit de tous.
(...)
Il ne s'agit pas de savoir si la
liberté de la presse doit
exister, puisqu'elle existe
toujours. Il s'agit de savoir si
la liberté de la presse est le
privilège de quelques
individus ou le privilège de l'esprit humain. Il s'agit de savoir si
ce qui est un tort pour les uns peut être un droit pour les autres.
(...)
La vraie censure — celle qui est fondée sur l'essence même de la
liberté de la presse — c'est la critique; elle est le tribunal que la
liberté de la presse se donne elle-même.
(...)
La censure reconnaît elle-même qu'elle n'est pas un but en soi,
qu'elle n'est rien de bon en soi, qu'elle est fondée sur le principe:

la fin justifie les moyens.
Mais un but qui a besoin de
moyens injustes n'est pas un
but juste.
(...)
L'écrivain ne considère
nullement ses travaux
comme des moyens. Ils sont
des buts en soi, ils sont si peu
un moyen pour lui-même et
pour les autres qu'il sacrifie,
si besoin est, son existence à
leur existence, et érige en
principe, à peu près comme
le prédicateur de la religion:
«Mieux vaut obéir à Dieu
qu'aux hommes», à ces
hommes parmi lesquels
cependant le rangent ses
besoins et ses désirs humains
[...] La première liberté pour
la presse consiste à ne pas
être une industrie. L'écrivain
qui rabaisse la presse jusqu'à
en faire un moyen matériel
mérite comme punition de ce
manque de liberté intérieure
le manque de liberté
extérieure, la censure. Disons
mieux: son existence est déjà
sa punition.

MARX

Le fruit le plus beau de la liberté est le pouvoir d'être vrai.
La liberté, le vrai, sont là où règnent la paix et la justice.

JEAN DE MULLER

Liberté de la presse?
Tout le décret de la presse peut se résumer en une ligne: je
permets que tu parles, mais j'exige que tu te taises. Les trois

quarts des journalistes
républicains déportés ou
proscrits, le reste traqués par
les commissions mixtes,
dispersés, errants, cachés çà
et là, dans quatre ou cinq
journaux survivants,
indépendants, mais guettés,
sur la tête desquels pend le
gourdin de Maupas, quinze
ou vingt écrivains courageux,
sérieux, purs, honnêtes,
généreux, qui écrivent, la
chaîne au cou et le boulet au
pied; le talent entre deux
factionnaires, l'indépendance
bâillonnée, l'honnêteté
gardée à vue, et Veuillot
criant: «Je suis libre!»
Détail précieux: Monsieur
Bonaparte voulait qu'Arago
jurât! Sachez cela:
l'astronomie doit prêter
serment. Dans un État bien
réglé comme la France ou la
Chine, tout est fonction,
même la science. Le
mandarin de l'Institut relève
du mandarin de police. La
grande lunette à pied
parallactique doit hommage-lige à Monsieur Bonaparte. Un
astronome est une espèce de sergent de ville du ciel.
L'observatoire est une guérite comme une autre. Il faut surveiller
le Bon Dieu qui est là-haut et qui semble parfois ne pas se
soumettre complètement à la Constitution du 14 janvier. Le ciel
est plein d'allusions désagréables et a besoin d'être tenu. La
découverte d'une nouvelle tache au Soleil constitue évidemment un cas de censure. La prédiction d'une haute marée peut
être séditieuse. L'annonce d'une éclipse de Lune peut être une

trahison. Nous sommes un peu lune à l'Élysée. L'astronomie libre est aussi dangereuse que la presse libre. Sait-on ce qui se passe dans ces tête-à-tête nocturnes entre Arago et Jupiter? [...] Et puis, nous l'avons dit, on est fataliste quand on est Bonaparte: le grand Napoléon avait une étoile, le petit doit bien avoir une nébuleuse! Les astronomes sont certainement un peu astrologues. Prêtez serment, Messieurs! Il va sans dire qu'Arago a refusé.

VICTOR HUGO

Comme, pour jouir de la liberté, il faut que chacun puisse dire ce qu'il pense, et que, pour la conserver, il faut encore que chacun puisse dire ce qu'il pense, un citoyen, dans cet État, dirait et écrirait tout ce que les lois ne lui ont pas défendu expressément de dire ou d'écrire.

MONTESQUIEU

On a fait beaucoup de bruit autour de la liberté de penser, et au cours des discussions, des hommes ont fait preuve d'un esprit qui ne sied ni au caractère de membres du clergé, ni à celui de bons citoyens, un esprit arbitraire et tyrannique sous le masque du zèle religieux et un esprit présomptueux et factieux sous celui de la liberté. Si les premiers pouvaient l'emporter, ils imposeraient une foi implicite et une obéissance aveugle et institueraient une inquisition pour maintenir cette abjecte servitude. Affirmer l'existence des antipodes pourrait redevenir aussi hérétique que l'arianisme ou le pélagianisme: et des hommes pourraient, comme Galilée, être jetés dans les cachots de quelque Saint Office pour avoir dit qu'ils ont vu ce qu'en fait ils ont vu et que toute autre personne pourrait voir si elle le désirait. Si les seconds pouvaient l'emporter, ils détruiraient immédiatement l'influence de la religion, en ébranlant ses fondements qui ont été jetés par l'éducation. Ce sont-là des extrêmes fort éloignés l'un de l'autre. N'y a-t-il pas une voie moyenne qui pourrait être suivie par un homme raisonnable et un bon citoyen? Je pense que cette voie existe.

Chacun a le droit incontesté de penser librement: bien plus, il est du devoir de chacun de le faire, dans la mesure où il en a le moyen et la possibilité. Ce devoir, en outre, n'est jamais aussi impérieux pour lui que dans les cas qui concernent ce que j'appelle la philosophie première. Ceux qui n'ont ni les moyens ni les occasions de cette sorte doivent soumettre leurs opinions à l'autorité; et à quelle autorité peuvent-ils se soumettre plus justement et avec plus de sûreté qu'à celle des lois et de la constitution de leur pays? En général, rien ne peut être plus absurde que d'adopter de confiance des opinions de la plus grande importance, qui nous concernent de la façon la plus intime. Mais il est impossible d'y échapper dans de nombreux cas particuliers. Les choses les plus absurdes du point de vue spéculatif deviennent nécessaires dans la pratique. Les hommes sont ainsi faits et la raison les excuse à cause de cette nécessité. La raison fait même un peu plus, et c'est tout ce qu'elle peut faire. Elle donne la meilleure orientation possible à l'absurdité. Ainsi, elle incite ceux qui doivent croire parce qu'ils ne peuvent pas savoir, à croire aux lois de leur pays et à conformer leurs opinions et leur conduite à celles de leurs ancêtres, à celles de Coruncianus, de Scipion, de Scaevola, non pas à celles de Zénon, de Cléanthe, de Chrysippe.

Mais la raison qui confère cette sagesse à de tels hommes donnera une orientation tout opposée à ceux qui ont les moyens et les occasions qui manquent aux autres. Loin de leur conseiller de se soumettre à cette servitude intellectuelle, elle leur donnera le conseil d'employer toute leur industrie, de manifester la plus grande liberté de pensée, et de ne s'appuyer sur aucune autorité si ce n'est la sienne, c'est-à-dire la leur. Elle leur parlera le langage des Soufis, secte de philosophes persans dont certains voyageurs ont parlé. «Le doute, disent ces sages et honnêtes libres penseurs, est la clé du savoir. Qui ne doute jamais, n'examine jamais. Qui n'examine jamais, ne découvre rien. Qui ne découvre rien est aveugle et le restera. Si tu ne vois aucune raison de douter des opinions de tes pères, tiens-t'en à elles, car elles te suffiront. Si tu vois une raison quelconque d'en douter, cherche tranquillement la vérité, mais veille à ne pas troubler l'esprit d'autres hommes.» Agissons conformément à ces maximes. Cherchons la vérité, mais faisons-le aussi tranquillement que librement. N'allons pas nous imaginer, comme certains que l'on appelle libres penseurs, que tout homme qui peut penser et juger par lui-même, ainsi qu'il en a le droit, a de ce fait le droit de parler et d'agir selon la pleine liberté de sa pensée.

La liberté lui appartient en tant que créature douée de raison; en tant que membre de la société, il est tenu à la réserve.

HENRY SAINT-JOHN BOLINGBROKE

De quelles calamités le peuple est-il préservé, lorsque le libre accès à l'information lui est assuré? Je vous dirai, messieurs, de quoi il est préservé et de quoi le Gouvernement est préservé; je vous dirai aussi à quoi l'un et l'autre sont exposés si ce libre accès est interdit [...] Si vous doutez des terribles conséquences qu'entraîne l'interdiction d'exprimer même un mécontentement individuel, tournez vos regards vers les pays asservis où de telles contraintes sont supposées assurer la protection du despotisme. La personne même du despote n'y est jamais en sécurité. Ni les craintes du despote, ni les machinations de l'esclave ne connaissent de répit — l'un anticipant le moment du péril, l'autre guettant l'occasion d'attaquer. La crise fatale est également une surprise pour les deux: l'instant décisif arrive brusquement, sans avertissement, hâté par la folie de l'un ou la frénésie de l'autre, et rien n'annonce la trahison jusqu'au moment où le traître agit.

... La presse étouffée, le peuple asservi et le prince perdu! C'est pourquoi, en qualité de défenseur de la société, de la paix, de la liberté intérieure et de l'union durable des deux pays, je vous conjure de sauvegarder la liberté de la presse, cette puissante sentinelle de l'État, cette grande détectrice de l'imposture publique: préservez-la, car, si elle disparaît, disparaîtront avec elle, dans une même tombe, la liberté du sujet et la sécurité de la couronne.

JOHN PHILPOT CURRAN

Soyons, pour une fois, moins
esclaves de nos opinions
surannées, ayons moins
d'amour-propre; donnons
libre accès à la vérité et
laissons pénétrer la lumière
et la connaissance: ne
réprimons pas l'innocente
liberté de penser aux
questions d'intérêt universel;
ne croyons pas que cette
liberté permettra jamais de
s'attaquer impunément au
mérite et à la vertu, car ces
deux qualités parlant d'elles-
mêmes en leur faveur et
ayant toujours pour arbitre
impartial le peuple, les écrits
de ceux qui oseraient
indignement les attaquer se
réduiront en poussière. La
vérité et la vertu
contiennent en elles-mêmes
leur meilleure apologie; à
force d'en parler et d'en
discuter, elles apparaissent
dans toute leur splendeur et
leur éclat. Si l'on impose des
contraintes à la libre
discussion, l'esprit comme la matière végéteront, et l'erreur, le
mensonge, les préjugés, le fanatisme et l'abrutissement seront le
lot du peuple et causeront pour toujours son abaissement, sa
ruine et sa misère.

MARIANO MORENO

La liberté d'imprimer est une matérialisation de l'esprit, elle est
son droit constitutionnel découlant de sa liberté naturelle.
L'interdiction d'imprimer équivaut à ne pouvoir s'exprimer par

la parole et même à n'être plus en droit de penser à certains sujets. On ne saurait faire à l'esprit cette suprême violence, car elle est hors des limites du pouvoir humain sur l'esprit, que l'on ne peut ni enchaîner, ni emprisonner. Seuls la parole et l'écrit peuvent faire l'objet d'un châtiment. La pensée ne peut devenir objet de délit et d'interdit que si elle est divulguée. Si cette faculté de l'esprit à se matérialiser par la parole et par l'écrit est une aspiration et un droit naturel de l'homme, dont celui-ci peut abuser comme de tous ses autres droits, on ne peut guère l'en priver par la seule crainte de l'abus. Il convient alors, ici comme ailleurs, de laisser à l'esprit individuel sa liberté d'action et d'instituer des punitions pour les infractions. Cela démontre la nécessité absolue d'une législation en matière d'imprimerie, garantissant à chacun la liberté de faire connaître sa pensée par l'imprimé tout en protégeant la société des abus. Des jurés auraient à décider des infractions et le juge statuerait.

Ce point de vue est également confirmé par des considérations purement juridiques. Tout comme une invention, une pensée originale est propriété de son auteur et personne n'a le droit de l'en priver ou de l'altérer. Mais il appartient seulement au tribunal et à son jugement de décider si cette propriété de l'auteur peut devenir nuisible à la société.

La censure agit contre ce principe en permettant au censeur de juger arbitrairement aux dépens de ce droit le plus sacré de l'auteur à la liberté de l'esprit. Les trois principes essentiels de toute censure, selon lesquels l'écrit ne devrait être dirigé ni contre le régime, ni contre la religion, ni contre la morale, s'avèrent en fait bien difficiles à appliquer dans chaque cas particulier. Le censeur craintif choisit la sécurité en préférant s'attirer l'inimitié de l'auteur plutôt que celle des pouvoirs publics, et il élimine impitoyablement les idées les plus sacrées, qu'il n'a ni assez approfondies ni exactement appréciées. La faiblesse d'une telle versatilité individuelle ressort d'ailleurs clairement du règlement qui réserve à la police le droit de confisquer ou d'écarter livres et journaux, même approuvés par la censure, ce qui constitue un nouvel acte arbitraire du haut pouvoir policier. Dans ces conditions, aucune sécurité ne peut protéger la propriété du libraire et de l'auteur, les contrats, accords ou associations, les arrangements littéraires, car aucune loi, aucun tribunal ne peuvent les garantir.

Du point de vue de la science, la censure fait obstacle au développement de l'esprit philosophique et critique si celui-ci, quittant les sphères de la pure abstraction, s'intéresse au monde et à ses manifestations concrètes. Il se heurte inévitablement aux principes politiques, religieux et moraux, et ne peut considérer ces forces spirituelles comme immuables, mais comme devant progresser. Ce sont-là des lois fondamentales de la vie sociale des peuples, et parce que les peuples évoluent grâce à la science, qui est indispensable à leur développement, tout immobilisme des idées et des notions est interdit.

KAROL LIBELT

Si nous n'avons pas l'intelligence et le courage de notre liberté, nous ne la méritons pas.

DORIS LUSSIER

Les hommes naissent libres,
égaux et confiants. Ils restent
confiants, ce qui leur permet
de croire qu'ils sont toujours
libres et égaux. La
déformation systématique
exige une attention de tous
les restants.

JEAN AMADOU

Quand la connaissance n'est
pas au service de la liberté,
elle asservit et infantilise.

CARDINAL LUSTIGER

Un jour viendra où la force
cessera d'être l'unique facteur
de liberté.

A. RAMASESHAN

Il me semble que la mission
des peuples d'Orient, de
Chine, de Perse, de Turquie,
d'Inde, de Russie et peut-être
du Japon est de montrer aux
peuples… le vrai chemin de
la liberté.

TOLSTOÏ

Il y a deux mots pour moi le plus grands c'est MYSTÈRE […] je
relis tout au mystère. Je dis qu'il n'y a rien au monde qu'on peut
vraiment connaître! L'autre mot c'est L'ACCEPTATION et
quand je suis arrivé à cette idée d'accepter les choses et les
hommes, et les événements, et les destins, j'étais libéré.

HENRY MILLER

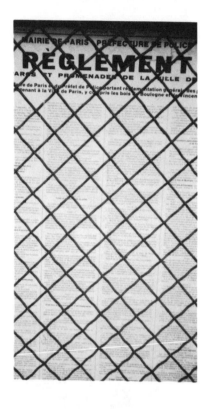

Il n'y a pas une chose comme
la liberté totale, c'est un
mythe. Nous avons toujours
des limites... même les plus
grands hommes.
HENRY MILLER

Le futur appartient à la
liberté.
ÉDOUARD SCHEVARNADZE

Je suis libre parce que je
cours toujours.
JIMI HENDRIX

L'homme libre est celui qui
sait refuser une invitation à
dîner sans donner de
prétexte.
JULES RENARD

Liberté, que de crimes on
commet en ton nom!
MANON ROLAND

Et libre, libre, libre,
follement libre,
raisonnablement libre,
joyeusement libre,
invinciblement libre, insolemment libre! Voilà pourquoi,
Jacques, nos occupants étranglent le latin. Ils craignent que
cette vieille langue, qu'ils prétendent «morte», ne rende à un
peuple de taupes l'appétit de la liberté.
À nous de desserrer leur cancan et de ranimer cette fausse
morte, plus jeune que leurs litanies gâteuses, qui nous ouvre les
vrais «lendemains qui chantent».
PAUL GUTH

Je pense que la liberté, c'est se laisser librement amuser et émouvoir.
FRANÇOISE SAGAN

Étant un être épris de liberté, mon fric m'a permis de jouir de cette liberté un peu plus qu'un autre.
FRÉDÉRIC DARD

...les RADIOS dites LIBRES ne parlent pas pour ne rien dire mais sans avoir rien à dire.
PHILIPPE BOUVARD

La liberté n'est jamais un don mais une conquête.
GÂNDHI

La vraie liberté consiste à placer son rêve où l'on veut.
ANONYME

Le hasard est la liberté des choses, l'impression que nous avons de la pluralité et de l'indifférence des solutions.
VALÉRY

La fortune est la sœur jumelle de la liberté.
IHERING

Est-il possible d'anéantir l'idée de la liberté par des actes injustes et cruels?
ANONYME

Romain Gary, à qui un journaliste demandait s'il se sentait plus français que russe ou vice versa, fit cette réponse lumineuse: «Ma patrie, c'est la France libre».

ANONYME

Au demeurant, «femme libre» n'est-il pas un pléonasme? La femme n'est femme que quand elle est libre, que quand ses enfants n'acceptent pas d'être des prisonniers impuissants.

JEAN DUTOUR

La liberté est un jaillissement perpétuel d'imprévisible nouveauté.

BERGSON

Je crois de plus en plus que l'idée de liberté n'est qu'un leurre.
Nos libertés individuelles sont choses que nous négocions et non que nous vivons. Je croirais que la loi nous les reconnaît seulement pour que nous les cédions au plus offrant, sans nous en être autrement servis. Et il s'agit d'un privilège dont on ne jouit que dans les pays riches. Il n'existe pas au-delà de notre mur d'argent.
Un jour je pourrai vendre ma liberté au lieu qu'on me la vole, c'est la lointaine espérance de milliards d'hommes.
Je crois à la liberté absolue de l'homme que je suis, si je le veux, maître de mes représentations, et que, ainsi, le bien et le mal dépendent de moi.

LOUIS PAUWELS

La liberté d'expression, c'est comme le bonheur: tout le monde est pour, du général Pinochet à Brejnev; or, cette liberté dépend de l'organisation de la société. Un régime et un peuple ont la presse qu'ils méritent.

PIERRE VIANSON-PONTÉ CITANT JEAN DUMUR

Ne touche pas! l'odieuse injonction qui retentit cent fois par jour aux oreilles de l'enfant, fait de lui un aveugle, un chien sans flair, errant tristement dans un monde où tout est enfermé dans des vitrines. Les compensations qu'on lui offre sont rares et maigres

ANONYME

Comme un prisonnier dans sa cellule, l'obèse dans sa graisse rêve à la liberté.
JEAN-LOUIS YAÏCH

Il EST INTERDIT:
— d'allumer du feu sous quelque prétexte que ce soit;
— de tirer même à blanc, avec une arme, quelle que soit sa nature;
— de battre du tambour, de sonner du cor, du clairon ou de la trompette;
— de battre des tapis, coussins, de cadrer des matelas;
— de se baigner;
— de laver du linge;
— d'effaroucher les oiseaux aquatiques;
— les jeux de balle, ballon, cerceaux, pédalettes et autres jeux ne seront tolérés que pour les enfants seulement.
Règlement des parcs, squares et jardins de Paris

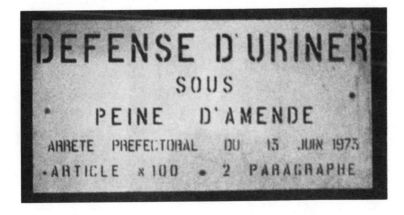

Après avoir vu le tableau *Liberté* de M. E. Delacroix, le poète Auguste Barbier a écrit ces vers:

«C'est une forte femme aux puissantes mamelles,
À la voix rauque, aux durs appas,
Qui, du brun sur la peau, du feu dans les prunelles,
Agile et marchant à grands pas,
Se plaît aux cris du peuple, aux sanglantes mêlées,
Aux longs roulements des tambours,
À l'odeur de la poudre, aux lointaines volées
Des cloches et des canons sourds.»

Le tableau de Delacroix produisit une telle sensation que, le bon public rentré chez lui et le roi bien assis sur le trône, on le relégua par ordre dans l'obscurité des corridors du Louvre.

THÉOPHILE SILVESTRE

La liberté n'est pas dans une indépendance rêvée à l'égard des lois de la nature, mais dans la connaissance de ces lois et dans la possibilité donnée par là même de les mettre en œuvre méthodiquement pour des fins déterminées.

ENGELS

La liberté de la volonté ne signifie pas autre chose que la faculté de décider en connaissance de cause. Donc, plus le jugement d'un homme est libre sur une question déterminée, plus grande est la nécessité qui détermine la teneur de ce jugement; tandis que l'incertitude reposant sur l'ignorance, qui choisit en apparence arbitrairement entre de nombreuses possibilités de décisions diverses et contradictoires, ne manifeste précisément par là que sa non-liberté, sa soumission à l'objet qu'elle devrait justement se soumettre.

ENGELS

Dans presque tous les journaux, la liberté de presse dont on parle avec tant de ferveur signifie qu'on a le droit d'exprimer librement des opinions rigoureusement en accord avec celles du journal qui les imprime.

JACQUES STERNBERG

Liberté = faculté de pouvoir imposer ses idées aux autres.

PHILIPPE BOUVARD

Depuis quelque cent ans, la bourgeoisie capitaliste occidentale tient boutique à l'enseigne de la «liberté»; et il semble que le plus clair de ses ressources spirituelles se soit épuisé à laver cette alléchante enseigne de la boue intellectuelle et morale qui n'a cessé de l'atteindre.

MAGRITTE

La liberté est devenue une aventure.

JACQUES ISORNI

DÉPART AU TROU N° 10
interdit Sauf autorisation

IT IS FORBIDDEN TO START
ON TEE N° 10 WITHOUT
AUTHORIZATION.

L'ACCES A L'ESCALiER

EST iNTERDiT

AVEC DES FRiTES.

La liberté est un de ces détestables mots qui ont plus de valeur que de sens, qui chantent plus qu'ils ne parlent, qui demandent plus qu'ils ne répondent, de ces mots qui ont fait tous les métiers, et desquels la mémoire est barbouillée de théologie, de métaphysique, de morale et de politique; mots très bons pour la controverse, la dialectique, l'éloquence; aussi propres aux analyses illusoires et aux subtilités infinies qu'aux fins de phrases qui déchaînent le tonnerre.

VALÉRY

La révolution socialiste représente le bond du règne de la nécessité dans le règne de la liberté.

ENGELS

La liberté est une peau de chagrin qui rétrécit au lavage de cerveau.

HENRI JEANSON

Nous nous refusons la liberté suivant nos principes et nous vous la réclamons à vous, à cause des vôtres.

LOUIS VEUILLOT

La liberté est un bien précieux, mais il faut avoir un petit capital d'exploitation pour le cultiver.

TRISTAN BERNARD

Liberté! Liberté! En toutes choses justice, et ce sera assez de liberté.
JOSEPH JOUBERT

Impossible pour moi de croire à une liberté qui serait derrière nous. La seule vérité à laquelle je crois en est une qui se découvre lentement, graduellement, péniblement et qui, imperceptiblement, augmente chaque jour.
JEAN ROSTAND

La liberté n'est donnée, militairement et médicalement parlant, qu'aux lucides et aux forts.
GÉNÉRAL VANUXEM

La peur est le contraire de la liberté. C'est le courage qui est la condition de la liberté, il en est ainsi au combat et partout ailleurs.
GÉNÉRAL VANUXEM

INTERDIT
DE LAVER
LES
VOITURES

La liberté est techniquement
une des valeurs essentielles
de l'art militaire.
GÉNÉRAL VANUXEM

Les premiers hommes qui se
séparèrent du règne animal
étaient, en tout point
essentiel, aussi peu libres que
les animaux eux-mêmes; mais
tout progrès de la civilisation
était un pas vers la liberté.
ENGELS

Que signifie la liberté de
domicile pour celui qui n'a
pas de toit, la liberté de lire
et d'écrire pour les
analphabètes, la liberté de
penser pour ceux qui ploient
tout le jour sous le fardeau
d'un travail abrutissant et qui
se débattent au-dessous du
minimum vital, à un niveau
infrahumain?
MAURICE DUVERGER

Tant que l'homme est
dominé par la misère et la
faim, le problème de la liberté ne se pose pas.
MAURICE DUVERGER

Le droit à l'érotisme fait partie d'un droit naturel: le droit à la
vie, et de son corollaire: le droit à la liberté.
LO DUCA

La femme est-elle libre quand elle se fait avorter dans les
circonstances que nous savons? Est-elle libre quand elle met,
contre son désir, au monde un enfant dont la charge va lui
incomber, alors qu'elle n'a pas les moyens de l'élever? (…) et les

moyens d'élever un enfant, pour une femme, ne sont pas seulement (ce serait trop facile) l'espace vital et les rations alimentaires nécessaires. Ils englobent aussi, et même surtout, les capacités physiques et psychologiques de la mère pour l'éduquer, c'est-à-dire pour le conduire vers sa personnalité adulte et lui aussi vers la liberté.

DR LAGROUA WEILL-HALLÉ

Il n'existe pas pour l'homme, aussitôt qu'il se sent libre, de souci plus constant, plus cuisant, que de trouver quelqu'un à adorer.

DOSTOÏEVSKI

Les seules limites à la liberté sont naturellement les atteintes à la liberté des autres.

DANIEL MAYER

Supprimer certaines libertés sous prétexte de mieux les préserver c'est, en enlevant au peuple le moyen de les exercer, les confisquer au profit de quelques-uns.

DANIEL MAYER

La liberté... Rome en avait fait une déesse et l'aîné des Gracques lui dédia un temple. En France, les révolutionnaires de l'an II se situèrent d'emblée dans une alternative qui voulut être un impératif catégorique: la liberté ou la mort.

GÉRARD WALTER

DEFENSE
DE
FUMER

Je suis libre quand je peux circuler comme je veux à l'intérieur de mon pays, faire ce que je tiens pour juste, rendre ma vie conforme à ma nature...

ROMANO GUARDINI

Pour le chrétien catholique, la liberté est une valeur essentielle de la vie parce qu'elle est liée à la pratique de la charité.

GEORGES HOURDIN

Il n'y a point de mot qui ait reçu plus différentes significations, et qui ait frappé les esprits de tant de manières, que celui de liberté.

MONTESQUIEU

Désirer, c'est craindre aussi; or, qui vit dans la crainte ne sera jamais libre.

HORACE

La liberté signifie que l'homme devenu moralement majeur puisse fonder sa famille selon la voix de son cœur et le jugement de sa conscience.

ROMANO GUARDINI

Cela n'a pas de sens de réclamer la liberté du droit en amour et l'intangibilité du foyer si l'homme et la femme ignorent auparavant la responsabilité que leur impose ce choix, s'ils ignorent la fidélité envers la communauté du mariage et du foyer et ne sont pas prêts à l'assumer.

ROMANO GUARDINI

Le pain, la paix, la liberté...
FRANCE (juin 1936)

Messieurs, peut-être n'y a-t-il
en fin de compte qu'une
seule querelle entre les
hommes: celle de la liberté...
DE GAULLE

Le respect mutuel des
consciences est sans doute
une des plus hautes formes de
la liberté.
JANUS

Je suis libre quand je suis
humain.
ROMANO GUARDINI

La liberté de la presse n'est
pas celle de faire de la
contre-révolution.
DUHEM

Que la première de nos lois
consacre la liberté de la
presse, la liberté la plus
inviolable, la plus illimitée.
MIRABEAU

Les petites nations ont été de tout temps le berceau de la liberté
politique. Il est arrivé que la plupart d'entre elles ont perdu cette
liberté en grandissant: ce qui fait bien voir qu'elle tenait à la
petitesse du peuple et non au peuple lui-même.
ALEXIS DE TOCQUEVILLE

La liberté philosophique consiste dans l'exercice de sa volonté,
ou du moins (s'il faut parler dans tous les systèmes) dans
l'opinion où l'on est que l'on exerce sa volonté. La liberté

IL EST FORMELLEMENT INTERDIT D'EMPÊCHER
LE FONCTIONNEMENT DE L'INSTALLATION
LE CONTREVENANT S'EXPOSE
A DES POURSUITES JUDICIAIRES
L'APPROCHE D'UN TRAIN EST ANNONCÉE PAR
L'ALLUMAGE DES FEUX ROUGES CLIGNOTANTS
LE TINTEMENT MOMENTANÉ DES SONNERIES
L'ABAISSEMENT DES DEMI-BARRIÈRES
POUR TOUT INCIDENT OU TOUTE ANOMALIE
CONSTATÉE DANS LE FONCTIONNEMENT
DE L'INSTALLATION
PRIÈRE D'UTILISER LE TÉLÉPHONE SITUÉ
PRÈS DU PASSAGE A NIVEAU

politique consiste dans la
sûreté, ou du moins dans
l'opinion que l'on a
de sa sûreté.
MONTESQUIEU

Les articles 4 et 5 de la
*Déclaration des droits de
l'homme* stipulaient que la
liberté consiste à faire tout ce
qui ne nuit pas à autrui. En
clair, il est permis à l'homme,
juridiquement, de se tuer, de
mettre le feu à sa maison, de couper la patte de son chien, de se
droguer et de donner, par sa conduite, un exemple funeste.
ANONYME

La liberté ne se réalise pas d'elle-même, il faut la vouloir.
ROMANO GUARDINI

La liberté n'est pas le droit de ne rien penser ou d'avoir une
opinion à son gré; elle a pour fondement un rapport authentique
avec la vérité.
ROMANO GUARDINI

On est conscient dans les milieux judiciaires de ce que la liberté d'opinion et la liberté de la presse n'ont de sens que lorsqu'elles sont complétées par la responsabilité de ceux qui usent de ces libertés.

Le Soir
Bruxelles

Être isolé n'est pas être libre. Autant dire qu'on est libre dans un caisson à décompression. La vraie liberté, c'est de s'accomplir dans le monde, pas en ermite.

NICOLAS HULOT

Écrire, c'est ma seule façon de me vautrer dans la liberté.

ROBERT SOULAT

Un esprit, qui prend conscience du désaccord qui existe toujours entre ce qu'il affirme et ce qui est véritablement, ne peut plus se défaire d'une espèce de doute philosophique. Nous sommes libres en tant que nous conservons toujours une arrière-pensée. Dans tous les cas, la parfaite liberté de l'esprit consiste dans un acte par lequel il comprend l'impossibilité absolue où il est de trouver la certitude dans l'expérience.

JULES LAGNEAU

Nos annonceurs sont priés de noter que toutes leurs annonces doivent être rédigées selon la règle prescrite à l'article 10 de la *Charte des droits et libertés de la personne* qui stipule que: «Toute personne a droit à la reconnaissance et à l'exercice, en pleine égalité, des droits et libertés de la personne, sans distinction, exclusion ou préférence fondée sur la race, la couleur, le sexe, la grossesse, l'orientation sexuelle, l'état civil, l'âge sauf dans la mesure prévue par la loi, la religion, les convictions politiques, la langue, l'origine ethnique ou nationale, la condition sociale, le handicap ou l'utilisation d'un moyen pour pallier ce handicap. Il y a discrimination lorsqu'une telle distinction, exclusion ou préférence a pour effet de détruire ou compromettre ce droit.»

La Presse (Les annonces classées)

L'article 11 de la *Charte des droits et libertés de la personne* déclare que: «NUL NE PEUT DIFFUSER, PUBLIER OU EXPOSER EN PUBLIC UN AVIS, UN SYMBOLE OU UN SIGNE COMPORTANT DISCRIMINATION NI DONNER UNE AUTORISATION À CET EFFET.»
Les postes offerts et annoncés dans les rubriques visant les offres d'emplois s'adressent aux hommes et aux femmes.
La Presse (Les annonces classées)

La liberté n'est pas sacrée, car le sacré est le contraire de la liberté. La médiocrité proclamée est le commencement de la liberté. Les mythes ne s'usent que quand on ne s'en sert pas.
ROBERT SOULAT

Vous savez qui, le premier (parce que le mot a souvent été repris), a dit: il vaut mieux laisser un coupable en liberté que de jeter un innocent en prison?
CALIFE HAROUN AL RACHID

Nous voici donc au plus grand moment de liberté de choix que le Québec ait croisé depuis la Conquête... Il faut se réjouir d'en être arrivés là, à une redéfinition en profondeur, enfin possible, de la place du Québec en Amérique du Nord... La question, pour le Québec, n'en est pas une de capacité mais bien une de volonté, sinon de courage.

LISE BISSONNETTE

Combien d'hommes, au nom de la liberté, ont perdu la liberté, au cours des siècles?

JACQUES STERNBERG

Si tu bois dès le matin, tu es libre; si tu ne bois pas, ta journée est foutue.

PROVERBE RUSSE

Quand tu parles, parle en homme libre et non en esclave.

PÈRES DU DÉSERT

Si tu l'aimes, laisse-lui sa liberté... S'il te revient c'est qu'il est à toi, si non c'est qu'il n'a jamais été à toi.

ANONYME

Une étude n'a aucune valeur si elle reste floue, et aucune saveur si elle est prisonnière d'interdits.

H. HAMON ET P. ROTMAN

La liberté politique, elle aussi, est limitée dans son exercice par la nature des choses. C'est là le sujet de la vieille querelle avec les libertaires. Il y a dans toute liberté une pente naturelle vers l'abus qui menace la liberté de l'autre. Toute conscience veut la mort de l'autre, dit Hegel. Toute liberté aspire à la sujétion de l'autre. L'esclave n'est esclave que parce que l'autre, le maître, s'est fait libre à ses dépens. Le véritable sens de la liberté implique le sens des limites au-delà desquelles ma liberté cesse d'accepter la liberté de l'autre.
La liberté est un équilibre.
THIERRY MAULNIER

N'importe quel despote peut contraindre ses esclaves à chanter des hymnes à la liberté.
MARIANO MORENO

La femme aime la fidélité, l'homme adore la liberté.
MICHEL TOURNIER

Il est interdit d'interdire.
Paris (mai 1968)

J'ai toute la liberté du monde, mais quand aurai-je le temps de la prendre?
JACQUES CHANCEL

Lorsque la liberté est poussée dans son expérience au-delà de certaines limites, lorsqu'elle se détruit elle-même — des trains qui n'arrivent plus à l'heure, des lettres qu'on jette au rebut au lieu de les distribuer, ce n'est pas la liberté, c'est son contraire, le chaos — on voit alors venir bien vite l'austérité bottée.

THIERRY MAULNIER

LIBERTÉ DE LA PRESSE...
Cette liberté ne doit pas s'exercer au détriment des droits de l'individu. (...) Je suis prêt à accueillir favorablement tout ce qui contribue à plus de liberté à condition de ne pas transformer les conditions exorbitantes du droit commun en des privilèges injustifiables.

FRANÇOIS MITTERRAND

Tu emploies un langage insolent en t'imaginant que c'est une preuve de liberté. Mais confondre liberté et insolence a toujours été la marque d'un esprit servile.
En t'autorisant de ta «liberté» tu refuses de m'envoyer des rapports sur ton activité. Tu te sens enfin libre... libre de l'obligation de coopérer et d'assumer des responsabilités. Voilà pourquoi tu es ce que tu es, petit homme, voilà pourquoi le monde est ce qu'il est.

WILHELM REICH

CHIEN SANS LAISSE DEFENDU SUR LE NAVIRE

La liberté, ça ne se partage
pas.
ROBERT BADINTER

Il est bon d'acclamer la
liberté: il n'est pas mauvais
de s'interroger sur elle.
THIERRY MAULNIER

Quand l'autoritarisme
l'emporte, la liberté de la
presse est la première
frappée, avant le suffrage
universel et les droits de
l'homme. C'est un
enchaînement fatal.
ANONYME

Libres, vous l'êtes!Peut-on
imaginer plus grande
responsabilité?
FRANÇOIS MITTERRAND

En Angleterre, tout est
permis sauf les choses qui sont interdites;
en Allemagne, tout est interdit sauf les choses qui sont permises;
en France, tout est permis même les choses qui sont interdites;
en Russie, tout est interdit même les choses qui sont permises.
CHURCHILL

Les bandits de grands chemins sont toujours en liberté, mille
petits voyous de la rue seront arrêtés ce soir...
JACQUES CHANCEL

Ils [les petits hommes] ne se gênent pas de te raconter que toi, ta vie, ta famille et tes enfants ne comptent pas, que tu es stupide et obséquieux, qu'on peut faire de toi ce qu'on veut. Ils ne te concèdent pas la liberté personnelle mais la liberté nationale. Ils ne te promettent pas le respect de la personne humaine, mais le respect de l'État, non pas la grandeur personnelle mais la grandeur nationale. Comme la «liberté personnelle» et la «grandeur personnelle» ne te disent rien, alors que la «liberté nationale» et les «intérêts de l'État» te font venir l'eau à la bouche, comme un chien à qui on lance un os, tu les acclames à grands cris. Aucun de ces petits hommes ne paie le prix de la liberté qu'ont payé un Jésus, un Giordano Bruno, un Karl Marx ou un Lincoln.

WILHELM REICH

L'homme a la liberté de refuser de vivre, que plus d'un philosophe, stoïcien ou autre, a définie comme la seule garante des autres libertés. Il n'a pas la liberté de vivre sans souscrire à des conditions précises. Il n'a été maître ni de son lieu de naissance, ni de sa date de naissance, ni de sa naissance elle-même.

THIERRY MAULNIER

Quand la liberté d'expression est assurée à tous, l'ordre rationnel finit par l'emporter.

WILHELM REICH

La révolution d'Octobre a donné des privilèges et gommé le mot *liberté*.

GRAFFITI SUR UN MUR À MOSCOU

La liberté est un héritage
génétique (…)
Je crois que j'ai conquis la
chance d'être libre par un
travail de raisonnement sur
moi-même, de réflexion, de
discipline, d'amputation. Peu
à peu, j'ai mis en place ce
que j'appelle «ma liberté».
Mais je ne condamne pas
ceux qui n'ont pas la chance
d'être libres. Il y a ceux qui le
sont et ceux qui ne le sont
pas, ceux qui sont
condamnés à être des
criminels, ceux qui sont
condamnés à être des
suicidaires et ceux qui sont
des saints — quelquefois
assez mauvais sujets dans leur
jeunesse d'ailleurs.

ETIEMBLE

Le plus grand ennemi de la
liberté se trouve être la
liberté elle-même, ou du
moins le mauvais usage qui
en est fait.

THIERRY MAULNIER

Le concile Vatican II déclare que la personne humaine a droit à
la liberté religieuse. Cette liberté consiste en ce que tous les
hommes doivent être soustraits à toute contrainte de la part tant
des individus que des groupes sociaux de quelque pouvoir
humain que ce soit, de telle sorte qu'en matière religieuse nul ne
soit forcé d'agir contre sa conscience, en privé comme en public,
seul ou associé à d'autres.

JEAN-PAUL II

ÉTANGS de VILLEPEY
La Pêche et la Consommation
de Coquillages
sont
Rigoureusement INTERDITES

Dans l'usage de toute liberté doit être observé le principe moral de la responsabilité personnelle et sociale: la loi morale oblige tout homme et groupe social à tenir compte, dans l'exercice de leurs droits, des droits d'autrui, de leurs devoirs envers les autres et du bien commun de tous. À l'égard de tous il faut agir avec justice et humanité.

JEAN-PAUL II

La Révolution française a inscrit LIBERTÉ-ÉGALITÉ-FRATERNITÉ au fronton de tous les monuments publics et même sur la façade des églises. Aujourd'hui c'est là seulement que l'inscription signifie encore quelque chose.

GILBERT CESBRON

De par son caractère même, l'exercice de la religion consiste avant tout en des actes intérieurs volontaires et libres par lesquels l'homme s'ordonne directement à Dieu: de tels actes ne peuvent être ni imposés ni interdits par aucun pouvoir purement humain.

JEAN-PAUL II

Nous sommes esclaves de la personne dont dépendent nos plaisirs. Ainsi lorsqu'on aime il faut être libre, non seulement de l'autre personne, mais par rapport à soi.

KRISHNAMURTI

Quelque chose en l'homme veut la liberté, quelque chose en lui la refuse, ou en ressent l'exercice comme trop difficile, trop lourd de responsabilités, quelque chose s'en dégoûte, s'en fatigue.
Il est plus facile d'être esclave que d'être libre.

THIERRY MAULNIER

Tes professeurs et tes maîtres ne te disent pas ce que tu penses et ce que tu es réellement; personne n'ose formuler sur toi la seule critique qui te rendrait capable de prendre en main ta propre destinée. Tu n'es «libre» que dans un sens bien déterminé: libre de toute préparation à la maîtrise de ta propre vie, libre de toute autocritique.

WILHELM REICH

Depuis l'enfance nous lisons sur tous les édifices publics le mot *liberté*. Il arrive en tête, suivi d'*égalité* et de *fraternité*. Libres, nous aspirons tous à l'être. Aspiration diffuse et puissante. Que peut-elle bien recouvrir dans notre monde où les interactions se généralisent, où les contraintes se multiplient? Liberté, liberté chérie, où donc te trouver, t'engager, te vivre? Que peux-tu signifier?

LOUIS LEPRINCE-RINGUET

La liberté de conscience correctement conçue est par nature toujours ordonnée à la vérité. C'est pourquoi elle conduit non à l'intolérance mais à la tolérance et à la réconciliation. Cette tolérance n'est pas une vertu passive car elle a ses racines dans un amour actif et tend à se transformer et à devenir un effort positif pour assurer la liberté et la paix à tous.

JEAN-PAUL II

L'appel naïf et singulier des vitriers dans les rues de Paris, c'est le cri déchirant, le dernier cri de la liberté prise sous les glaces!

GILBERT CESBRON

Les libertés les plus évidentes sont celles que nous pratiquons chaque jour. Quittant mon logis, je peux marcher à droite ou à gauche, traverser ma ville, mon pays, à ma guise, sans être suivi, sans me voir arrêter comme sous l'occupation par des patrouilles de policiers me demandant d'exhiber un *ausweis* (…)

… La deuxième grande liberté est celle de l'expression personnelle: affirmer librement ce que l'on pense, sans que la délation s'ensuive, sans que la police du pouvoir y trouve à redire, sans être obligé de baisser la voix dans un lieu public, regardant en coulisse à droite ou à gauche pour savoir si l'on est épié, pouvoir parler et pouvoir écrire, publier des livres non conformistes, s'exprimer dans une presse libre et respectée même si ses propos dénoncent les abus du pouvoir.

LOUIS LEPRINCE-RINGUET

La liberté, aujourd'hui, c'est une femme qui retire triomphalement son soutien-gorge — et l'on s'aperçoit que ses seins tombent.

GILBERT CESBRON

Nous sommes liés par l'opinion des autres. Comme nous ne nous comprenons pas de façon logique, nous ne sommes pas libres de ne tenir aucun compte des remarques des autres et, dans la mesure où nous établissons nos valeurs à partir de ce que les autres pensent, nous sommes limités par eux; ainsi, un éloge généreux de leur part, et nous nous sentons libres; une critique, et nous sommes prisonniers.

JOSEPH SIMONS ET JEANNE REIDY

PROPRIÉTAIRES de CHIENS. ATTENTION

Pour la bonne marche de notre établissement les chiens ne seront admis dans les salles que si les propriétaires acceptent de les garder couchés sous la table et non dans les travées.

Ils ne sont pas admis dans les chambres.

SAUF
SERVICE
PROPRETE

La Chaise
stationnement interdit

CAMPING MUNICIPAL
- Réservé aux touristes
- Interdit aux sans domicile fixe
- Installation interdite sans
     autorisation du gardien

Lorsque nous avons bien compris que la peur est le principal obstacle à la liberté, nous sommes en mesure de faire un libre choix. En effet, nous pouvons choisir d'agir malgré notre peur et de faire un pas vers la liberté, ou de respecter notre peur et de la laisser déterminer l'étendue de notre liberté.

JOSEPH SIMONS ET JEANNE REIDY

La liberté est la propriété de soi; on distingue trois sortes de libertés: la liberté naturelle, la liberté civile, la liberté politique; c'est-à-dire la liberté de l'homme, celle du citoyen et celle d'un peuple.

PAUL RAYNAL

Sous ce nom de liberté, les Romains se figuraient avec les Grecs un État où personne ne fut sujet que de la loi, et où la loi fut plus puissante que les hommes.

BOSSUET

Les peuples, une fois accoutumés à des maîtres, ne sont plus en état de s'en passer. S'ils tentent de secouer le joug, ils s'éloignent d'autant plus de la liberté que, prenant pour elle une licence effrénée qui lui est opposée, leurs révolutions les livrent presque toujours à des séducteurs qui ne font qu'aggraver leurs chaînes.

JEAN-JACQUES ROUSSEAU

Il n'y a pas de mot qui ait reçu plus de différentes significations que celui de liberté. Les uns l'ont pris pour la facilité de déposer celui à qui ils avaient donné un pouvoir tyrannique; les autres pour la faculté d'élire celui à qui ils devaient obéir; d'autres pour le droit d'être armés et de pouvoir exercer la violence; ceux-ci, pour le privilège de n'être gouvernés que par un homme de leur nation, ou par leurs propres lois. Ceux qui avaient goûté du gouvernement républicain l'ont mise dans ce gouvernement; ceux qui avaient joui du gouvernement monarchique l'ont placée dans la monarchie.

MONTESQUIEU

La politique nous parle aussi de liberté. Elle parut d'abord n'attacher à ce terme qu'une signification juridique. Pendant des siècles, presque toute société organisée comprenait deux catégories d'individus: les uns étaient des esclaves, les autres étaient dits «libres»… Plus tard la liberté devint un idéal, un mythe, un ferment, un mot plein de promesses, gros de menaces. Cette liberté politique paraît difficilement séparable des notions d'égalité et de «souveraineté». Je me trouve bien en peine de me rendre nette et précise l'idée de liberté politique. Je suppose qu'elle signifie que je ne dois obéissance qu'à la loi, cette loi étant censée émanée de tous et faite dans l'intérêt de tous.

VALÉRY

L'impertinence est la fleur de
la liberté.
GILBERT CESBRON

Le progrès, ce n'est pas la
liberté, c'est le courage
d'en user.
ROGER LEMELIN

J'appelle liberté le pouvoir de
penser à une chose ou de n'y
pas penser, de se mouvoir ou
de ne se mouvoir pas,
conformément à son propre
esprit…
VOLTAIRE

Notre meilleure liberté
consiste à faire autant que
possible prévaloir les bons
penchants sur les mauvais.
AUGUSTE COMTE

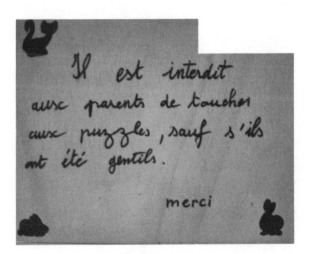

Le déterminisme a raison
pour tous les êtres vulgaires;
la liberté intérieure n'existe
que par exception et par le
fait d'une victoire sur soi-
même. Même celui qui a
goûté de la liberté n'est libre
que par intervalles et par
élans... Nous sommes
assujettis, mais susceptibles
d'affranchissement, nous
sommes liés, mais capables
de nous délier.

HENRI FRÉDÉRIC AMIEL

En général, nous aimons
penser que nous sommes
libres. Puisque nous ne
sommes pas condamnés à la
pauvreté d'un ghetto ou aux
fers d'une prison, nous
prétendons que nous sommes
des hommes libres. Mais,
sans parler de prison ou de
ghetto, nous sommes en fait
esclaves de nos doutes, de
nos craintes et de notre
anxiété.

**JOSEPH SIMONS ET
JEANNE REIDY**

Qu'il n'y ait pas d'opposition entre la contrainte et la liberté,
qu'au contraire elles s'épaulent — toute liberté s'exerçant pour
tourner ou surmonter une contrainte, et toute contrainte
présentant des fissures ou des points de moindre résistance qui
sont pour la création des invites — rien ne peut mieux, sans
doute, dissiper l'illusion contemporaine que la liberté ne
supporte pas d'entraves, et que l'éducation, la vie sociale, l'art
requièrent pour s'épanouir un acte de foi dans la toute-puissance
de la spontanéité: illusion qui n'est certes pas la cause, mais où

l'on peut voir un aspect
significatif de la crise que
traverse aujourd'hui
l'Occident.
CLAUDE LÉVY-STRAUSS

Dans chaque capitale, il
existe encore une tribu de
sauvages en liberté.
Vaniteux, criards, voyants,
envieux, obéissants à des
rites, parlant leur langage,
croyant aux idoles, se
mariant entre eux: les
comédiens.
GILBERT CESBRON

Liberté de conscience et
liberté de commerce,
monsieur, voilà les deux
pivots de l'opulence d'un
État petit ou grand.
VOLTAIRE

Suis-je vraiment libre? Un
homme est tout à fait libre
s'il est capable de mesurer ce
qu'il vaut. Or, nous ne
pouvons pas prétendre jouir
de cette liberté, car nous sommes prisonniers des opinions des
autres. La peur de ce que les autres pourront penser de nos
paroles et de nos actes étouffe notre spontanéité.
JOSEPH SIMONS ET JEANNE REIDY

Le seul moyen d'arriver à la liberté intérieure, c'est de surmonter
notre peur.
JOSEPH SIMONS ET JEANNE REIDY

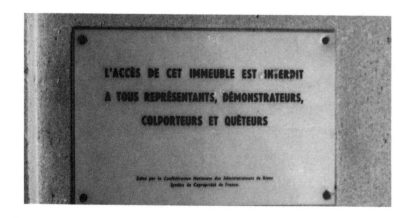

Réserve Eau Potable
BAIGNADE INTERDITE

DÉFENSE
DE FUMER ET DE CRACHER

IL EST DEFENDU DE FUMER dans les salles d'attente,
ainsi que dans les voitures, exception faite des compartiments
portant la plaque indicative : FUMEURS.

IL EST DEFENDU DE CRACHER ailleurs que dans
les crachoirs disposés à cet effet.

Les Voyageurs sont tenus d'obtempérer aux injonctions des Agents de la Compagnie, pour l'observation
des dispositions mentionnées aux paragraphes ci-dessus.

L'ENTRÉE DU CIMETIÈRE
EST INTERDITE
AUX HOSPITALISÉS

DÉFENSE DE SORTIR
DU RESTAURANT AVEC
DE LA BOISSON POUR
ALLER DANS LA SALLE
D'ATTENTE.

DESCENTE INTERDITE

DÉFENSE D'URINER et D'APPUYER
QUOI QUE CE SOIT
CONTRE CETTE PROPRIÉTÉ.

St SYMPHORIEN s/s C.

Mairie - Ecole

Maison du
Temps Libre

Un homme libre est autant
un homme qui se refuse à
commander qu'un homme
qui refuse d'obéir.

ROBERT SABATIER

Parmi les innombrables
droits pour lesquels l'homme
se bat depuis des millénaires,
le droit à l'érotisme est
essentiel; il fait partie du
droit à la liberté qui découle
de son âme, et du droit au
bonheur qui découle de son
droit à la vie.

LO DUCA

Gouverner c'est cesser
d'être libre.

ROBERT SABATIER

Aujourd'hui j'ai effacé le
numéro de ma maison
le nom de la rue dans
laquelle je vis.
J'ai changé le sens de toutes
les routes.
S'il vous faut maintenant me
trouver
frappez à n'importe quelle porte, dans quelque rue
de quelque ville que ce soit à travers le monde.
Cette malédiction, ce bonheur:
partout où règne la liberté, là est ma demeure.

AMRITA PRITAM

Innocents dans les prisons, je ne puis rien pour vous.
Je ne puis que vous demander pardon.

Je vous demande pardon
pour mes travaux quotidiens
et mes sommeils paisibles; je
vous demande pardon pour
les cris que je n'ai pas
poussés, pour les tortures que
ne n'ai pas subies; je vous
demande pardon pour tous
les juges qui m'ont ignoré et
pour tous les flics qui m'ont
laissé dans la rue. Je vous
demande pardon pour le
hasard qui a fait de moi UN
HOMME LIBRE!

MORVAN LEBESQUE

Ils parlent de donner des
libertés au peuple, mais
prennent bien soin de lui en
imposer leur choix.

ROBERT SABATIER

Se libérer pour envahir, est-
ce se libérer?

ROBERT SABATIER

- Taxi! Taxi! Vous êtes
LIBRE?
- Oui!
- Moi aussi. VIVE LA LIBERTÉ!

ANONYME

Dans l'Église, on a toujours eu peur de la pensée libre. Pourtant,
nous avons eu sous les yeux, en Union soviétique, les
conséquences d'une pensée asservie. Et la liberté, c'est tellement
chrétien! L'Évangile est plein de liberté!

ANDRÉ NAUD

Nous espérons voir un monde fondé sur quatre libertés humaines essentielles.

La première est la liberté de parole et d'expression — partout dans le monde.

La deuxième est la liberté pour chacun de vénérer Dieu comme bon lui semble — partout dans le monde.

La troisième est la libération de la misère, ce qui, traduit à l'échelle mondiale, signifie la conclusion d'accords économiques qui permettront à chaque nation d'assurer à ses citoyens une vie saine et paisible — partout dans le monde.

La quatrième est la libération de la peur, ce qui, traduit à l'échelle mondiale, signifie une réduction des armements dans le monde entier, si poussée et efficace qu'aucune nation ne sera en mesure de commettre un acte d'agression physique contre l'un de ses voisins — partout dans le monde.

Il ne s'agit pas de la vision d'un lointain millénaire, mais bien des fondements précis d'un monde réalisable de notre temps et par notre génération.

FRANKLIN D. ROOSEVELT
Discours sur les quatre libertés

On concède la liberté en gros pour contraindre dans le détail.

ROBERT SABATIER

L'accès de la MATERNITE est strictement interdit aux enfants.

Le Médecin Directeur.

POSTES

NE PAS JETER DE JOURNAUX DANS CETTE BOITE

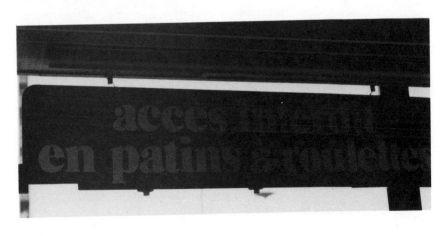

accès en patins à roulettes

Tel édifia une théorie de la
liberté pour en faire oublier
la pratique.
ROBERT SABATIER

Réversibilité de la technique:
quand, faite pour libérer,
elle enchaîne.
ROBERT SABATIER

C'est la liberté individuelle
qui est la valeur essentielle.
Toute politique qui menace
les libertés individuelles doit
être combattue.

Ce sont les libertés
économiques qui sont les
garantes des libertés civiles et
politiques. Et il n'y a pas de
droits de l'homme sans le
droit à la liberté
économique.

La prospérité économique
conditionne la liberté
politique. Plus il y a de
pénurie, moins il y a de
liberté. Or, la prospérité
dépend aujourd'hui de l'innovation. Et l'innovation est assurée
par la part du marché qui reste libre. Ce qui revient à dire que la
prospérité ne vient pas des administrations, du plan et des
décrets. Elle vient de la liberté du marché.
LOUIS PAUWELS

Le constat s'impose: la liberté de communiquer, garantie à tous,
est la seule ambition possible d'une société dont les médias, au
moins virtuellement, permettent à n'importe qui d'accéder à

n'importe quoi, de n'importe
où, n'importe quand et
n'importe comment.
FRANCIS BALLE

Ni rouge, ni mort, mais libre.
YVES MONTAND

Il y a deux sortes d'hommes
au monde: les hommes libres
et les gens d'Église. Dieu,
d'ailleurs, n'est pas en cause:
il arrive que les premiers y
croient et les seconds, non.
Ils n'en sont pas moins gens
d'Église, catéchistes par
tempérament et libertricides
par nature.
MORVAN LEBESQUE

Le dialogue du mort et du
prisonnier fut celui
d'hommes libres.
ROBERT SABATIER

DÉFENSE de PÊCHER
momentanément
DANS CE PRÉ

Le Devon Rémalardais.

Fréquenter l'univers des possibles donne le sentiment de liberté.

ROBERT SABATIER

Une cigarette écrasée c'est
un peu de liberté gagnée!
**COMITÉ FRANÇAIS
D'ÉDUCATION POUR LA SANTÉ**

Lorsque les gens peuvent
choisir entre un sandwich et
une liberté, ils vont choisir le
sandwich.
LORD BOYD-ORR

L'amour libre pourrait être un
phénomène social; il
correspond à un concept-
limite qui n'a jamais eu de
réalité historique et n'en
pourra jamais avoir, mais agit
à titre de stimulation idéale
en vue de rendre moins
rigides les frontières civiles et
religieuses où la société tente
d'enfermer les relations
affectives et sexuelles.
LO DUCA

Le domaine de la sexualité
est l'un de ceux où la femme
est encore le moins libre, car
elle y est la proie de ses impulsions naturelles, traditionnelles.
(...) Peut-être là plus qu'ailleurs, il est difficile et délicat de lui
apprendre à faire usage librement de sa personnalité.
Dᴿ LAGROUA WEILL-HALLÉ

Nul ne peut se dire libre parce que sa nouvelle prison est plus
spacieuse que l'ancienne.
ROBERT SABATIER

Il est évident que les magistrats, dont la mission est de se prononcer au nom du peuple sur la liberté, l'honneur et les biens des justiciables, doivent être libres, soustraits à toute pression.
RAYMOND LINDON

Les esprits ne sont jamais plus unis que lorsque chacun est libre de penser comme bon lui semble.
MARMONTEL

Le protecteur de la liberté de conscience, c'est l'État laïque. La liberté de pratiquer sa religion, quelle qu'elle soit, on la trouve en France, où la République ne reconnaît aucun culte. C'est précisément parce qu'elle n'en reconnaît aucun que nous y sommes le plus libres et cette liberté dont bénéficient les croyants, les incroyants en bénéficient aussi. Tant mieux pour tous, même pour ceux qui ne s'en rendent pas compte.
CÉCILE ROMANE

J'ai choisi la liberté!
KRAVCHENKO

Je souhaite interdire dès le coucher du soleil l'accès du bois de Boulogne aux automobilistes.
PIERRE VERBRUGGHE
Préfet de police de Paris

La femme naît libre et demeure
égale à l'homme en droits... Elle
a le droit de monter sur
l'échafaud, elle doit avoir celui
de monter à la tribune.
**DÉCLARATION DES DROITS DE LA
FEMME,** article 1; signé Olympe
de Gouges en 1791

Le véritable dialogue est fondé
sur une double possibilité:
- celle de se dire avec le plus de
liberté possible et d'être
entendu sans jugement, sans
rejet;
- celle de permettre à l'autre de
se dire avec le plus de liberté
possible et d'être entendu avec
une liberté équivalente.
JACQUES SALOMÉ

L'interdit engendre le péché.
DR FRÉDÉRIC SALDMANN

Et comment que je suis pour la
libération des femmes! Si elles
se libèrent pas de leurs
hommes, comment qu'elles
pourront
être libres avec moi?
ROLAND BACRI

La liberté ce n'est pas d'avoir le choix entre rien et rien.
SECOURS POPULAIRE FRANÇAIS

Je vais enfin connaître le pays de la liberté et de l'égalité.
HÔ CHI MINH
(lors de son départ pour la France)

Opinion du pasteur Rabaut —
Saint-Étienne (1743 - 1793)
prononcée en 1789 devant
l'Assemblée nationale à
Versailles:

«Je demande, messieurs, ce que vous demandez pour vous; que tous les non-catholiques français soient assimilés, en tout et sans réserve aucune, à tous les autres citoyens aussi, et que la loi, et que la liberté, toujours impartiales, ne distribuent point inégalement les actes rigoureux de leur exacte justice. (...) Je ne vois donc aucune raison pour qu'une partie des citoyens dise à l'autre: je serai libre, mais vous ne le serez pas. Je ne vois aucune raison pour qu'une partie des citoyens dise à l'autre: vos droits et les nôtres sont inégaux; nous sommes libres dans notre conscience, mais vous ne pouvez pas l'être dans la vôtre, parce que nous ne le voulons pas. (...) Tout homme est libre dans ses opinions. Tout citoyen a le droit de professer librement un culte, et nul ne peut être inquiété à cause de sa religion.»

À cette proposition l'Assemblée préféra:

«Nul ne doit être inquiété pour ses opinions, même religieuses, pourvu que leur manifestation ne trouble pas l'ordre public établi par la loi.»

Le pasteur Rabaut — Saint-Étienne fut guillotiné avec les Girondins.

Dans les États totalitaires, le prisonnier libéré entre dans une autre prison.
ROBERT SABATIER

La liberté est le point où s'émoussent les armes de la logique.
ROBERT SABATIER

La République ne reconnaît aucun culte.
ARTICLE 2 DE LA LOI DE SÉPARATION DES ÉGLISES ET DE L'ÉTAT DU 9 DÉCEMBRE 1905

Me voilà devenu général dans l'armée française de la liberté et sur le moment de partir pour prendre le commandement d'une division dans la frontière. Que je me sois uni aux défenseurs de la liberté ne doit pas vous étonner, puisque vous savez que c'est ma divinité favorite et que je me suis dévoué à son service bien avant que la France eût pensé à s'en occuper... Mais ce qui m'a encore induit le plus fortement, c'est l'espoir de pouvoir un jour être utile à ma pauvre patrie que je ne puis abandonner.
FRANCISCO DE MIRANDA
(dans une lettre adressée au comte Woronzoft, alors ambassadeur de Catherine II à Londres — 1792)

La liberté n'est pas un cadeau, elle est une tâche.
JEAN-PAUL DESBIENS

Pour beaucoup d'anciens
prisonniers, la vie en liberté est
une seconde prison, parfois plus
harassante que la première car,
en plus des limitations à la
liberté individuelle, se pose
avec acuité le problème
d'enfermement le plus subtil, le
plus discret.
ABDELLATIF LAABI

Il ne suffit pas de dire aux
hommes: «Vous êtes libres»,
pour qu'ils le deviennent.
L'idée de liberté n'est pas une
lampe magique que l'on promène sur les chemins et qui écarte
devant elle les ténèbres de l'obscurantisme. C'est une petite
flamme au contraire, qu'il faut couver, qu'il faut nourrir, qu'il
faut protéger, propager.
La liberté n'est pas une potion qu'on administrerait *in extremis* à
des mourants. Elle n'est pas non plus une récompense octroyée
pour une bonne conduite.
La liberté ne se donne pas. Elle se prend.

MARC AGI

Tout contrat suppose réciprocité, or l'esclave ne recueille aucun avantage qui compense la perte volontaire de sa liberté.

JEAN-JACQUES ROUSSEAU

Tout nègre venu d'Afrique, marié depuis dix ans, ayant un jardin en bon ordre et six enfants, jouira de la franchise de trois journées de travail par semaine, ainsi que sa femme. Après vingt années de mariage, et avec quatre enfants existants, ils seront réputés affranchis; leurs enfants jouiront des mêmes avantages à vingt-cinq ans, et leurs petits-enfants seront libres sans condition.

KERSAINT
Société des amis noirs
(1788)

Je pars pour la Sardaigne l'épée dans une main, la *Déclaration des droits* dans l'autre. J'abattrai les grands, j'éclairerai les sans-culottes. La Toscane m'a donné le jour, la France est ma patrie: ma vie est un combat continuel pour la liberté; les députés de Corse savent qui je suis. Je demande au ciel l'éloquence de la vérité, je demande à la Convention nationale secours et protection pour mon épouse et mes enfants chéris, dans le cas que ma vie fût nécessaire au triomphe de la liberté universelle. Que l'Europe soit libre et je meurs content.

FILIPPO BUONARROTI

Qui ne respecte pas les lois
ne mérite pas la liberté.
**GÉNÉRAL TADEUSZ
KOSCIUSZKO**

L'égalité, la liberté, la sûreté,
la propriété *for all indigenous
people in the Pacific.*
JULIA CHURCH

L'aphorisme si souvent répété
comme une évidence: *La
liberté de chacun s'arrête là où
commence celle des autres* est à
l'opposé de la réalité.
Ma liberté n'a de contenu
qu'au contact de celle des
autres. Elle n'est pas un état,
une situation individuelle,
mais un chantier où tous
travaillent.
Constamment à construire,
elle ne peut être
l'aboutissement d'un objectif
personnel mais d'une
exigence partagée.
ALBERT JACQUARD

En fait, vous les
grandiloquents défenseurs
des droits de l'homme, vous avez la frousse des droits de
l'homme, parce qu'ils ne sont pas vos droits, mais ceux des
autres, de cette multitude que vous dédaignez. Vous avez peur
qu'un jour on vous crie à la face: «Libérez les droits de
l'homme.»
DENIS LANGLOIS

Le changement est toujours effrayant même s'il nous permet
de nous libérer.
GENEEN ROTH

La conférence des Nations Unies tenue à Stockholm en juin 1972 consacre dans sa déclaration finale :

Le droit fondamental pour l'homme à la liberté, l'égalité et les conditions de vie satisfaisantes dans un environnement dont la qualité lui permet de vivre dans la dignité et le bien-être.

Déclaration universelle des droits de l'homme

L'ASSEMBLÉE GÉNÉRALE
proclame

LA PRÉSENTE DÉCLARATION UNIVERSELLE DES DROITS DE L' HOMME comme l'idéal commun à atteindre par tous les peuples et toutes les nations afin que tous les individus et tous les organes de la société, ayant cette déclaration constamment à l'esprit, s'efforcent, par l'enseignement et l'éducation, de développer le respect de ces droits et libertés et d'en assurer, par des mesures progressives d'ordre national et international, la reconnaissance et l'application universelles et effectives, tant parmi les populations des États membres eux-mêmes que parmi celles des territoires placés sous leur juridiction.

ARTICLE PREMIER Tous les êtres humains naissent libres et égaux en dignité et en droits. Ils sont doués de raison et de conscience et doivent agir les uns envers les autres dans un esprit de fraternité.

ARTICLE 2 (1) Chacun peut
se prévaloir de tous les droits
et de toutes les libertés
proclamés dans la présente
Déclaration, sans distinction
aucune, notamment de race,
de couleur, de sexe, de
langue, de religion, d'opinion
politique ou de toute autre
opinion, d'origine nationale
ou sociale, de fortune, de
naissance ou de toute autre
situation.

(2) De plus, il ne sera fait
aucune distinction fondée
sur le statut politique,
administratif ou
international du pays ou du
territoire dont une personne
est ressortissante, que ce
territoire soit indépendant,
sous tutelle ou non
autonome, ou subisse toute
autre limitation de
souveraineté.

ARTICLE 3 Tout individu a
droit à la vie, à la liberté et à
la sûreté de sa personne.

ARTICLE 4 Nul ne sera tenu en esclavage ni en servitude;
l'esclavage et la traite des esclaves sont interdits
sous toutes leurs formes.

ARTICLE 5 Nul ne sera soumis à la torture, ni à des peines ou
traitements cruels, inhumains ou dégradants.

ARTICLE 6 Chacun a le droit à la reconnaissance en tous lieux
de sa personnalité juridique.

ARTICLE **7** Tous sont égaux
devant la loi et ont droit
sans distinction à une égale
protection de la loi. Tous ont
droit à une protection égale
contre toute discrimination
qui violerait la présente
Déclaration et contre toute
provocation à une telle
discrimination.

ARTICLE **8** Toute personne a
droit à un recours effectif
devant les juridictions
nationales compétentes
contre les actes violant les
droits fondamentaux qui lui
sont reconnus par la
constitution ou par la loi.

ARTICLE **9** Nul ne peut être
arbitrairement arrêté, détenu
ni exilé.

ARTICLE **10** Toute personne
a droit, en pleine égalité, à
ce que sa cause soit entendue
équitablement et
publiquement par un
tribunal indépendant et impartial, qui décidera soit de ses droits
et obligations, soit du bien-fondé de toute accusation en
matière pénale
dirigée contre elle.

ARTICLE **11** (1) Toute personne accusée d'un acte délictueux est
présumée innocente jusqu'à ce que sa culpabilité ait été
légalement établie au cours d'un procès public où toutes les
garanties nécessaires à sa défense lui auront été assurées.

(2) Nul ne sera condamné pour des actions ou omissions qui, au moment où elles ont été commises, ne constituaient pas un acte délictueux d'après le droit national ou international. De même, il ne sera infligé aucune peine plus forte que celle qui était applicable au moment où l'acte délictueux a été commis.

ARTICLE 12 Nul ne sera l'objet d'immixtions arbitraires dans sa vie privée, sa famille, son domicile ou sa correspondance, ni d'atteintes à son honneur et à sa réputation. Toute personne a droit à la protection de la loi contre de telles immixtions ou de telles atteintes.

ARTICLE 13 (1) Toute personne a le droit de circuler librement et de choisir sa résidence à l'intérieur d'un État.

(2) Toute personne a le droit de quitter tout pays, y compris le sien, et de revenir dans son pays.

ARTICLE 14 (1) Devant la persécution, toute personne a le droit de chercher asile et de bénéficier de l'asile en d'autres pays.

(2) Ce droit ne peut être invoqué dans le cas de poursuites réellement fondées sur un crime de droit commun ou sur des agissements contraires aux principes et aux buts des Nations Unies.

ARTICLE **15** (1) Tout individu a droit à une nationalité.

(2) Nul ne peut être arbitrairement privé de sa nationalité, ni du droit de changer de nationalité.

ARTICLE **16** (1) À partir de l'âge nubile, l'homme et la femme, sans aucune restriction quant à la race, la nationalité ou la religion, ont le droit de se marier et de fonder une famille. Ils ont des droits égaux en regard du mariage, durant le mariage et lors de sa dissolution.

(2) Le mariage ne peut être conclu qu'avec le libre et plein consentement des futurs époux.

(3) La famille est l'élément naturel et fondamental de la société et a droit à la protection de la société et de l'État.

ARTICLE **17** (1) Toute personne, aussi bien seule qu'en collectivité, a droit à la propriété.

(2) Nul ne peut être arbitrairement privé de sa propriété.

ARTICLE **18** Toute personne a droit à la liberté de pensée, de conscience et de religion; ce droit implique la liberté de changer de religion ou de conviction ainsi que la liberté de manifester sa religion ou sa conviction, seule ou en commun, tant en public

qu'en privé, par
l'enseignement, les pratiques,
le culte et l'accomplissement
des rites.

ARTICLE 19 Tout individu a
droit à la liberté d'opinion et
d'expression, ce qui implique le
droit de ne pas être inquiété
pour ses opinions et celui de
chercher, de recevoir et de
répandre, sans considération
de frontière, les informations
et les idées par quelque moyen
d'expression que ce soit.

ARTICLE 20 (1) Toute
personne a droit à la liberté de
réunion et d'association
pacifique.

(2) Nul ne peut être obligé de
faire partie d'une association.

ARTICLE 21 (1) Toute
personne a le droit de prendre
part à la direction des affaires
publiques de son pays, soit
directement, soit par
l'intermédiaire de
représentants librement choisis.

(2) Toute personne a droit à accéder, dans des conditions
d'égalité, aux fonctions publiques de son pays.

(3) La volonté du peuple est le fondement de l'autorité des
pouvoirs publics; cette volonté doit s'exprimer par des élections
honnêtes qui doivent avoir lieu périodiquement, au suffrage
universel égal et au vote secret ou suivant une procédure
équivalente assurant la liberté du vote.

ARTICLE 22 Toute personne, en tant que membre de la société, a droit à la sécurité sociale; elle est fondée à obtenir la satisfaction des droits économiques, sociaux et culturels indispensables à sa dignité et au libre développement de sa personnalité, grâce à l'effort national et à la coopération internationale, compte tenu de l'organisation et des ressources de chaque pays.

ARTICLE 23 (1) Toute personne a droit au travail, au libre choix de son travail, à des conditions équitables et satisfaisantes de travail et à la protection contre le chômage.

(2) Tous ont droit, sans aucune discrimination, à un salaire égal pour un travail égal.

(3) Quiconque travaille a droit à une rémunération équitable et satisfaisante lui assurant ainsi qu'à sa famille une existence conforme à la dignité humaine et complétée, s'il y a lieu, par tous autres moyens de protection sociale.

(4) Toute personne a le droit de fonder avec d'autres des syndicats et de s'affilier à des syndicats pour la défense de ses intérêts.

ARTICLE 24 Toute personne a droit au repos et aux loisirs et notamment à une limitation raisonnable de la durée du travail

et à des congés payés
périodiques.

ARTICLE 25 (1) Toute
personne a droit à un niveau
de vie suffisant pour assurer
sa santé, son bien-être et
ceux de sa famille,
notamment pour
l'alimentation,
l'habillement, le logement,
les soins médicaux ainsi que
pour les services sociaux
nécessaires; elle a droit à la
sécurité en cas de chômage,
de maladie, d'invalidité, de
veuvage, de vieillesse ou
dans les autres cas de perte
de ses moyens de subsistance,
par suite de circonstances
indépendantes de sa volonté.

(2) La maternité et l'enfance
ont droit à une aide et à une
assistance spéciales. Tous les
enfants, qu'ils soient nés
dans le mariage ou hors du
mariage, jouissent de la
même protection sociale.

ARTICLE 26 (1) Toute personne a droit à l'éducation.
L'éducation doit être gratuite au moins en ce qui concerne
l'enseignement élémentaire et fondamental. L'enseignement
élémentaire est obligatoire. L'enseignement technique et
professionnel doit être généralisé; l'accès aux études supérieures
doit être ouvert en pleine égalité à tous en fonction
de leur mérite.

(2) L'éducation doit viser au plein épanouissement de la
personnalité humaine et au renforcement du respect des droits

de l'homme et des libertés fondamentales. Elle doit favoriser la compréhension, la tolérance et l'amitié entre toutes les nations et tous les groupes raciaux ou religieux, ainsi que le développement des activités des Nations Unies pour le maintien de la paix.

(3) Les parents ont, par priorité, le droit de choisir le genre d'éducation à donner à leurs enfants.

ARTICLE 27 (1) Toute personne a le droit de prendre part librement à la vie culturelle de la communauté, de jouir des arts et de participer au progrès scientifique et aux bienfaits qui en résultent.

(2) Chacun a droit à la protection des intérêts moraux et matériels découlant de toute production scientifique, littéraire ou artistique dont il est l'auteur.

ARTICLE 28 Toute personne a droit à ce que règne, sur le plan social et sur le plan international, un ordre tel que les droits et libertés énoncés dans la présente *Déclaration* puissent y trouver plein effet.

ARTICLE 29 (1) L'individu a des devoirs envers la communauté dans laquelle seule le libre et plein développement de sa personnalité est possible.

(2) Dans l'exercice de ses droits et dans la jouissance de ses libertés chacun n'est soumis qu'aux limitations établies par la loi exclusivement en vue d'assurer la reconnaissance et le respect des droits et libertés d'autrui et afin de satisfaire aux justes exigences de la morale, de l'ordre public et du bien-être général dans une société démocratique.

(3) Des droits et libertés ne pourront, en aucun cas, s'exercer contrairement aux buts et aux principes des Nations Unies.

ARTICLE 30 Aucune disposition de la présente *Déclaration* ne peut être interprétée comme impliquant pour un État, un groupement ou un individu un droit quelconque de se livrer à une activité ou d'accomplir un acte visant à la destruction des droits et libertés qui y sont énoncés.

Index

Achevé Imprimerie
·nprimer Gagné Ltée
Canada Louiseville